华为教给企业管理者的思考武器

华为管理课

HUAWEI
MANAGEMENT COURSE

周锡冰◎著

江西人民出版社
Jiangxi People's Publishing House
全国百佳出版社

图书在版编目（CIP）数据

华为管理课：任正非关键时刻的18次内部讲话/周

锡冰著．--南昌：江西人民出版社，2016.2

ISBN 978-7-210-07997-2

Ⅰ．①华… Ⅱ．①周… Ⅲ．①通信—邮电企业—企业

管理—经验—深圳市 Ⅳ．①F632.765.3

中国版本图书馆CIP数据核字(2015)第304536号

华为管理课：任正非关键时刻的18次内部讲话

周锡冰 / 著

责任编辑 / 晋璧东

出版发行 / 江西人民出版社

印刷 / 固安县保利达印务有限公司

版次 / 2016年5月第1版

2019年6月第6次印刷

720毫米×1000毫米 1/16 18.5印张

字数 / 230千字

ISBN 978-7-210-07997-2

定价 / 39.00元

赣版权登字-01-2015-909

在中国五千年灿烂文化中，中国文化影响深远。即使在如今的当下，全民创业大众创新、互联网+时代同样也引领世界的经济。在这场轰轰烈烈的经济大潮中，中国企业，特别是中国民营企业家更是功不可没。

究其原因，中国民营企业家不仅践行了新的管理实践，同时也把中国企业拓展到世界的大多数国家。事实证明，中国企业家之所以能够在改革开放30多年的时间内把企业做强做大，是因为这些企业家都是能够把管理实践总结成一个非常饱满的故事。

可以这样说，世界上任何一个最伟大的领导者都是一个当众讲话的高手，不仅如此，他们在管理实践中，还善于讲故事。如松下幸之助通过故事讲述自来水哲学、李东生通过鹰的故事讲述TCL的变革之路……

当我们在梳理这些讲话时，我们发现，低调而神秘的华为创始人任正非一口气在内部给华为人讲了许多故事，这些故事不仅借鉴了毛泽东思想，还引用了许多中外神话故事，以及中国古代的水利工程思想，等等。

当然，任正非通过故事与他的团队做到了上下同欲，而我们通过阅读他的讲话，则能理解到创业的秘辛和成功的智慧。

1988年，在创建华为时，起步资金才2万元以及6名员工。在这样的背景下，特别是在中国改革开放初期，其艰难是难以想象的。尽管困难如万重山一样，但是，任正非通过自己准确的判断，拒绝穿"红舞鞋"，开发"盐碱地"，制定"深淘滩，低作堰"，"力出一孔，利出一孔"，"鲜花插在牛粪上"等战略，还时刻危机重重，绝不做"温水中的青蛙"，尽可能地做

"扁鹊大哥"。为此，还设置蓝军部门。

不仅如此，任正非还强调"静水潜流"和灰度管理。因为在中国，西方国家硬权力思想的企业制度是管不好中国企业的。在任正非看来，没有妥协就没有"灰度"。任正非坦言："纵观中国历史上的变法，虽然对中国社会进步产生了不灭的影响，但大多没有达到变革者的理想。我认为，面对它们所处的时代环境，他们的变革太激进、太僵化，冲破阻力的方法太苛刻。如果他们用较长时间来实践，而不是太急迫、太全面，收效也许会好一些。其实就是缺少灰度。"

在任正非的领导下，华为以火箭般的速度高速扩张。2009年，经过21年的发展，华为跻身为仅次于爱立信的全球第二大设备制造商。为此，任正非被美国《时代》杂志、《福布斯》杂志争相报道，其大名与华为一起响亮全世界。

为了更好地揭开华为的生存之道和高速发展之谜，我们团队数十人经过数月的研读任正非撰写的文章，从中挑选出18篇内部讲话加以解读，它们完整体现了任正非在指导华为发展时的核心思想，非常值得广大企业家、企业员工、中层经理、商学院教授、培训师等诸多领域的人学习和借鉴。

本书在撰写时，力求接近任正非的管理思想，我们采访了华为的一部分中层员工。当然，我们一直以来也想采访任正非，但是由于任正非不接受媒体采访，我们只好从任正非撰写的文章中找到答案。在这里，感谢华为创始人任正非，感谢华为人，感谢支持本书出版的编辑和研究华为的几个商学院教授的大力支持。

周锡冰

2016年春

目 录

CONTENTS

目录
CONTENTS

目录
CONTENTS

目 录

CONTENTS

第一章

"红舞鞋"：企业的首要责任是活着

红舞鞋很诱人，就像电讯产品之外的利润，但是企业穿上它就脱不了，只能在它的带动下不停地舞蹈，直至死亡。

——华为创始人　任正非

企业的首要责任是活着

哥本哈根，这个北欧的最大城市，是丹麦的政治、经济、文化、交通中心，与瑞典的马尔默隔厄勒海峡隔海相望。可以说，哥本哈根既是传统的贸易和船运中心，又是新兴制造业城市。丹麦1/3的工厂都建在大哥本哈根区，很多新兴的大工业企业与中世纪古老的建筑物在哥本哈根这个城市交相辉映，相得益彰，使它既是现代化的丹麦首都，同时又是古色古香的丹麦古城。

在欧洲各国的考察中，不知道华为创始人任正非是否在古老与神奇、艺术与现代的哥本哈根驻足停留片刻，欣赏在海边静静沉思的、具有典型丹麦标志的美人鱼雕像。不过，可以肯定的是，任正非了解过哥本哈根，特别是著名童话作家安徒生写的《红舞鞋》作品。

在华为，任正非多次谈到童话作品《红舞鞋》，这是一个非常出名的故事，作者是大名鼎鼎的丹麦作家汉斯·克里斯蒂安·安徒生。《红舞鞋》这个童话故事是安徒生童话作品中一个较为流传甚广的故事。

故事的大概意思是，有一双漂亮的红色舞鞋，当女孩把这双红色的舞鞋穿上，跳舞时都会感到轻盈、活力无比。因此，姑娘们每当见了这双红色舞鞋都异常兴奋，也都想穿上这双色红的舞鞋，献舞一支。很多年轻的姑娘见了这双红色的舞鞋，都只是想一想罢了，不敢真正地穿上后跳舞。究其原因，据说这双红色的舞鞋具有超常的魔力，一旦穿上跳起舞来就永无休止，直到跳舞者死亡为止。

"好奇会害死猫。"这是一个西方的谚语。有一天，有一个跳舞技术较好、年轻可爱的姑娘看见了那双红色的舞鞋，由于红色舞鞋的魅力太强大，也全然不听家人的劝告，她悄悄地穿上红色的舞鞋，跳舞时，她果然发现自己的舞姿更加轻盈。

当她穿着红色的舞鞋跳过街头巷尾、跳过田野乡村时，此刻，她感到从未有过的活力，真是人见人羡，她自己也感到穿上红舞鞋跳舞是一件幸福的事情，极大地满足了她的好奇心。于是，她又不知疲倦地跳起了舞，一支又一支。

当夜幕降临时，观看她跳舞的人们都回家去了，她也开始觉得有些倦意，想停下来。结果，她无法停下永无休止的舞步，因为红色的舞鞋还要让她继续跳下去。她没有办法停下来，只得继续跳下去。

当天空下着暴雨，伴随剧烈的狂风席卷该小镇时，她本能地想停下来躲避风雨，可是脚上的红色舞鞋仍然在快速地带着她旋转，她只得勉强地在风雨中跳下去。

当姑娘跳到了陌生的森林里，她害怕起来，想回温暖的家，可是红舞鞋还在不知疲倦地带着她往前跳，姑娘只得在黑暗中一面哭一面继续跳下去。最后，当太阳升起来的时候，人们发现姑娘安静地躺在一片青青的草地上，她的双脚又红又肿，姑娘累死了，她的旁边散落着那双永不知疲倦的红舞鞋。[1]

当读者看了"红舞鞋"的故事，想必都会有自己的感慨。从理智上来说，人们绝不会以生命为代价去追求个人事业上的短暂成功。可是人们还具有太多的不受理性控制的感情方面的因素。人生的道路上像红舞鞋这样的诱惑是随处可见、时时可见的。[2]

这样的道理同样适用于企业管理中，因为经营企业如同经营人生。企业的表现归根结底就是企业经理人（企业老板、职业经理人CEO）的表现，企业经理人每天也同样面临着类似于红舞鞋的诱惑。显然，企业经理人的责任不是为公司寻找一双红舞鞋，使公司只能活上一阵子，[3]正如管理革命理论大师彼德·德鲁克（Peter F. Drucker）所言："企业的首要责任是活着。"

不是利润最大化，而是考虑怎么活下去

2014年寒风萧萧的初冬，雾霾笼罩的北京依然展现千年古都的雄伟、霸气和安详。在北京召开的亚太经济合作组织（Asia Pacific Economic

---

1 百度百科.红舞鞋[EB/OL].2014.http://baike.baidu.com/subview/177842/5989559.
htm?fr=aladdin.
2 中国企业家.任正非总结华为成功哲学:跳芭蕾的女孩都有一双粗腿[J]. 中国企业家，
2014 (10).
3 陈培根.企业不可穿上 "红舞鞋" [J].商界·评论, 2006 (1).

Cooperation，简称APEC）已经尘埃落定，成果丰硕。

在南国，两位企业家也同样耀眼，一位是被媒体称之为神秘低调的华为创始人任正非，另外一位是一向高调的阿里巴巴创始人马云。

2014年9月，马云可谓是风光无限，他的阿里巴巴成功在美国纽约证券交易所（New York Stock Exchange，简称NYSE）上市，融资218亿美元，一举成为中国大陆地区的首富。一时间，阿里巴巴和马云成为中国街头巷尾谈论的热点话题。

人民币百万元	2013 （美元百万元）**	2013	2012*	2011*	2010*	2009*
销售收入	39.463	239.025	220.198	203.929	182.548	146.607
营业利润	4.809	29.128	20.658	18.796	31.806	22.773
营业利润率	12.2%	12.2%	9.4%	9.2%	17.4%	15.5%
净利润	3.468	21.003	15.624	11.655	25.630	19.430
经营活动现金流	3.724	22.554	24.969	17.826	31.555	24.188
现金与短期投资	13.529	81.944	71.649	62.342	55.458	38.214
运营资本	12.412	75.180	63.837	56.996	60.899	43.286
总资产	38.226	231.532	210.006	193.849	178.984	148.968
总借款	3.803	23.033	20.754	20.327	12.959	16.115
所有者权益	14.243	86.266	75.024	66.228	69.400	52.741
资产负债率	62.7%	62.7%	64.3%	65.8%	61.2%	64.6%

*由于采用了新订及修改的国际财务报告准则，且为了与本年度列示方式一致，部分比较数字已作重述。
**美元金额折算采用2013年12月31日汇率，即1美元竟6.0569元人民币。

图1-1　华为2009年-2013年5年财务概要

距离杭州1000公里之外的深圳，华为创始人任正非依然低调，几乎不接受媒体的采访。不过，这不影响华为的出彩——2014年3月31日，华为公布了经审计的2013年年报。年报显示，2013财年华为实现销售收入2390亿元人民币（约395亿美元），同比增长8.5%，净利润为210亿元人民币（约34.7亿美元），同比增长34.4%，见图1-1。

我们不妨再翻阅一下华为、爱立信、思科、阿尔卡特朗讯、诺基亚西门子、中兴通讯这六个企业2013年的销售收入和利润。根据之前爱立信公布的年报，2013年爱立信营业收入353亿美元，与2012年基本持平，净利润为19亿美元。我们惊讶发现，华为已经超越爱立信成为世界排名第一的通信公司。从营收数据来看，2013年华为的销售收入首次超越爱立信。见图1-2，图1-3。

尽管华为取得如此佳绩，作为创始人和掌握这的任正非则忧心忡忡。在任正非心中，不是企业如何去实现利润最大化的事，而是考虑企业怎么活下去的问题。任正非说："不要总想着做第一、第二、第三，不要抢登山头，不要有赌博心理，喜马拉雅山顶寒冷得很，不容易活下来，华为的最低和最高战略都是如何活下来，你活得比别人长久，你就是成功者。"这与中国很多企业的做法大相径庭。

在很多创业企业中，我们经常看到一些创业者总是在大书特书其战略目标，甚至有创业者提出"三年超英，五年赶美"——三五年进入世界500强。

在2008年，金融危机发生后，扩大内需消费成为拉动中国经济的一架马车，面对中国13亿人口的市场，一些创业者都纷纷扩大规模，似乎都在抢占这一潜力巨大的市场，过去某些品牌企业曾犯过的错误，而一些创业者正在重蹈覆辙。

在这些创业者看来，13亿人口的市场足可以大展宏图的，因此也不问市场，不做足够的调查，买地买设备，大规模扩充产能。[1]

---

1 中国建材报.门窗幕墙企业存隐患 切忌盲目扩大规模[N].中国建材报，2011-08-09.

2013年营业收入

	华为	爱立信	思科	诺基亚西门子通信	阿尔卡特朗讯	中兴
营业收入	395	353	486	152	173	124

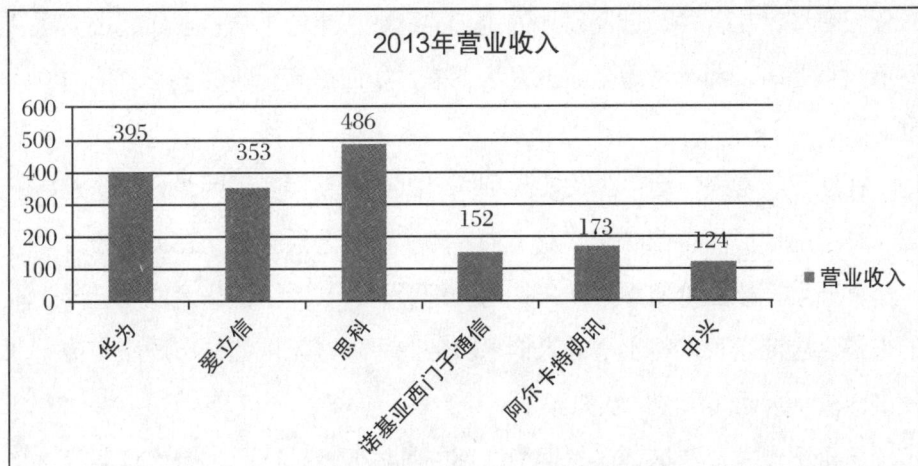

图1-2　世界六大通信企业2013年的销售收入

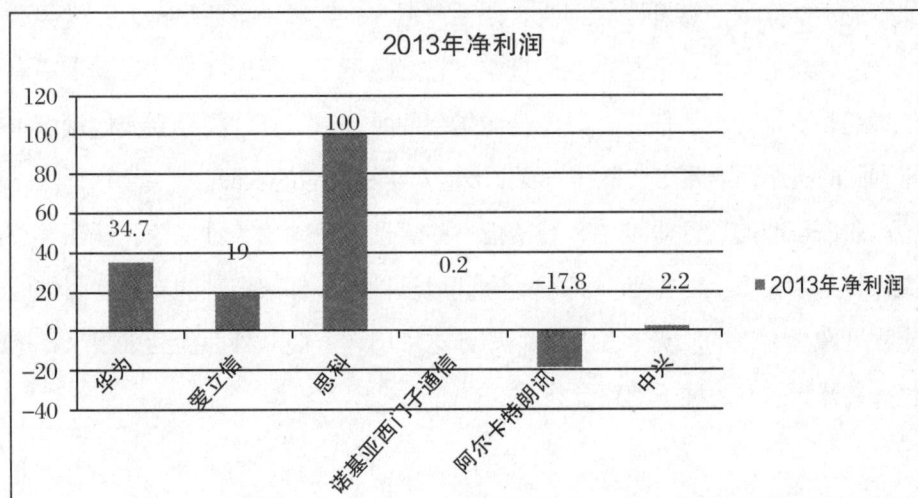

2013年净利润

	华为	爱立信	思科	诺基亚西门子通信	阿尔卡特朗讯	中兴
2013年净利润	34.7	19	100	0.2	−17.8	2.2

图1-3　世界六大通信企业2013年的利润

　　殊不知，创业者这样做可能会使得企业发展面临隐患，因为对于任何一个小公司而言，活下来要比几年之内成为世界500强重要得多，因为企业都不能生存和发展下去，成为世界500强无疑就成为无稽之谈。对此，华为创始人任正非经常在各种场合反复地强调："我现在想的不是企业如何去实现利润最大化的事，而是考虑企业怎么活下去，如何提高企业的核心竞争力的问题。"

在任正非看来，活下去比实现利润最大化重要得多，因为只有企业活下去，才可能谈提高企业的核心竞争力。为了让华为活下去，在《华为公司基本法》开篇，核心价值观第一条是这样阐释的："为了使华为成为世界一流的设备供应商，我们将永不进入信息服务业。通过无依赖的市场压力传递，使内部机制永远处于激活状态。"

"永不进入！"这不仅是拒绝诱惑的具体表现，同时也是保证华为这个企业能够生存和发展的关键所在。在华为内部，任正非曾对员工做了一个叫"企业不能穿上红舞鞋"的演讲。任正非坦言，红舞鞋虽然很诱人，就像电讯产品之外的利润，但是企业一旦穿上它就脱不了，只能在它的带动下不停地舞蹈，直至死亡。任正非以此告诫华为的所有员工："要经受其他领域丰厚利润的诱惑，不要穿红舞鞋，要做老老实实种庄稼的农民。"

在任正非的管理思维中，经常把一些管理模式比喻为种庄稼。任正非总说："华为要松土、翻新，种子是我们自己种的，外部请来的专家、引进的流程就像投射进的阳光，如果我们离开这片田地，能从外面捡回来玉米，但也许最开始播下的种子就死了。"

果断对红舞鞋说不的确很难

在红舞鞋的这个故事中，我们的确看到了很多不受理性控制的因素，无疑使得很多人在成长和发展的道路上红舞鞋的诱惑随处可见。要想真正地抵制种种诱惑，而不为所乱，的确是一件非常不容易的事情。

在很多企业中，企业家每天也同样面临着类似于红舞鞋的魔力诱惑。而且问题的复杂性还在于，红舞鞋往往是披着冠冕堂皇的外衣，或是伴随着高昂澎湃的激情，甚至是在有如泰山压顶般的力量之下，被推到企业家面前的。穿，还是不穿？如果没有对自己的使命和责任有极为清醒和极为坚定的信仰，如果没有独立的思维和行动能力，企业家们要对红舞鞋果断说出一个不字，很难！[1]

改革开放后，转型期的中国遍地都是机会，获取利润的最大化几乎成为中国第一代企业家的一个共同特性，然而，很多企业因为盲目的追逐利润最大化，结果导致了企业大面积的倒闭。

位于东海之滨的浙江慈溪，不仅慈溪历史悠久（春秋时属越，秦代设县，古称"句章"，至唐开元二十六年（公元738年）始称慈溪，县治在今之慈城），而且交通便利，区位和交通优势十分明显——东离宁波60公里，北距上海148公里，西至杭州138公里。是长江三角洲经济圈南翼环杭州湾地区上海、杭州、宁波三大都市经济金三角的中心。

如此优越的条件无疑给这样的土壤提供了发达的商业条件。在21世纪初，慈溪就被被誉为中国大陆地区三大家电制造基地之一。

在2008年金融危机爆发前，特别是2000年至2007年，中国企业借着中国经济发展的东风可以说是如鱼得水。具有敏锐市场的浙江慈溪企业老板决不放弃这样的市场机会。从2005年开始，很多慈溪企业老板就开始投资建厂生产冰箱。

1　陈培根.企业不可穿上"红舞鞋"[J].商界·评论，2006（1）.

然而，这样的转变说起来非常简单。在慈溪企业老板的意识中，"只顾着投身去赚钱"就可以，但是他们却不会过多地考虑企业的发展前景。在2007年，一老板在饭桌上谈着谈着就拍板，他要进军冰箱产业。

据媒体报道，这个老板原来是养兔子的。连养兔子的老板都要生产冰箱，最让人担心的是，这些投身到冰箱行业的许多企业老板都是"门外汉"，那么这些从来没有涉足家电产业的企业老板为什么要都投身冰箱制造行业中？据媒体披露，这些老板认为，冰箱制造是当时最赚钱的行业。

从宁波慈溪市经济发展局曾经公开的数据显示可以印证媒体的观点，慈溪冰箱2007年的产量突破了500万台，到2007年年底为止，慈溪从事冰箱生产的企业约50家，设备投资超过1亿元。在2007年，还有10余家企业老板有涉入该领域的意向。

在慈溪，有媒体曾用"异军突起"来形容当时许多企业投资冰箱行业的勇敢与冲动，然而，这股冲动在2008年画上了休止符。在2008年的金融危机中，接到单的冰箱生产企业都已经不超过10家了。

在本案例中，养兔子的企业老板敢于转型做冰箱生产线，其勇气可嘉，但是也从侧面不难看出，一个低则百万元高则千万元乃至上亿元的投资项目，老板在饭桌上谈着谈着就拍板了，足以说明这些企业老板追逐利润最大化的错误战略。

这些企业倒闭的教训告诉企业经营者，对于任何一个企业家来说，其责任是让企业保持赢利，而不是获取利润的最大化。其实，这样的战略选择，美国管理大师彼得·德鲁克就曾经做出过，他强调："企业的首要责任是活着。"在彼得·德鲁克看来，只有活着，才能保证企业健康地发展下去。

宁慢毋急的战略要义

在创业之初，华为仅仅是一家贸易公司而已，只有"十几个人，七八条枪"，华为既无产品，又无雄厚的资本，凭借自己的狼性思维在中外大型企业的铁壁合围中最终杀出了一条血路，脱颖而出。

在创业初期，据媒体报道，华为当初最响亮的口号竟然是"胜则举杯相庆，败则拼死相救"。从这个口号中不难看出，作为任正非而言，华为能够活下来，就是自己的胜利。尽管这样的胜利没有多大实际意义，但是要想实现实业报国，就必须先赚钱，先壮大自身。

谁也无法否认，对于任何一个创业者而言，这是一个充满诱惑的世界。当然，要想将创业企业做强做大，抵制住诱惑无疑最困难的。据公开资料的统计数据显示，中国企业的平均寿命不到2.9 年，每年倒闭100 万家以上。2010 年中国中小企业平均寿命3.7 岁，欧洲和日本为12.5 岁，美国为8.2 岁。[1]

在中国改革开放30多年的岁月中，曾经作为MBA 教学案例的中国优秀企业80% 已经倒下了。也就是说，不断地有冒险赴死的人走向"玻璃门"，被撞得头破血流；陷入"弹簧门"， 被弹进死亡谷。注册、注销，扔进去的是创业资金，带出来的是一身创痕和"一地鸡毛"。[2]

这样的现状无疑说明华为活下来的艰难，在创业初期的华为尤其艰难。在任正非看来，只有宁慢毋急，才能取得西经。不过任正非坦言，华为今天取得的成功，其机遇要远远大于其本身的素质与本领。

在中国，许许多多的创业者都热衷做大做强，似乎没有这样的雄心就

---

1 田涛，吴春波.下一个倒下的会不会是华为：P15[M].北京：中信出版社，2012.
2 田涛，吴春波.下一个倒下的会不会是华为：P15[M].北京：中信出版社，2012.

可能被认为是小富即安。然而，在任正非看来，活下去才是最重要的。1987年，任正非创办华为，而今华为在电信设备制造市场上不仅呼风唤雨，而且一举成为中国最富创新的公司。当初的华为，其注册资本仅为两万元，而今已经实现2013财年 2390亿元人民币（约395亿美元）的销售收入。而创造这个业绩背后的核心推动者，依然是华为沉默的任正非。

今天的华为，不管是中外媒体，都在一片高歌声中，在出色的业绩之外，这家电信设备商总是通过一些文本来加深人们对它、对任正非的敬意。比如前些年开国内企业法之先河的《华为公司基本法》，前段时间在企业界流传甚广的《华为的冬天》，乃至于后来任正非陆续撰写的《北国之春》和《回忆我的父亲母亲》，都被企业中人当成范本一样在网上搜索、研读。[1]

《中国企业家》为此发表评论文章说，人们对任正非总是能摸准产业脉动的战略判断能力表示着强烈的佩服，他像他说的"狼"一样，对市场的近于"血腥"的利润或者"血腥"式的寒冷都提前嗅觉到。不管是他当年倾其初期财富积累下的8000万元，投入到大型程控交换机的研发上，还是他在业界率先作出"冬天"的预言。但是对人们这些崇敬，任正非照例是不作任何回应。[2]

不过，从《华为公司基本法》中显而易见得到答案："高层重大决策从贤不从众，真理往往掌握在少数人手里。"任正非坦言，只有"宁慢毋急"才是关键。任正非说："当初是因为我们幼稚，做起了通讯产品，只不过回不了头而已。"

在任正非看来，活下来比几年之内成为世界500强要重要得多，因为企业都不能生存和发展下去，成为世界500强无疑就成为无稽之谈。在这里，我们

1　中国企业家.任正非(华为公司)：还会封闭多久[J]. 中国企业家，2001（12）.
2　中国企业家.任正非(华为公司)：还会封闭多久[J]. 中国企业家，2001（12）.

来看一个330年历史的一个小银行。

在德国法兰克福地区，有一个名叫迈世勒的银行，虽然名见经传，名头也不是十分响亮，却是德国现存的、最古老的一家私人银行，至今已有330年的历史。

可能读者非常疑惑，一家成立于17世纪末期、至今已有330年历史的银行为什么能够延续至今，其长久不衰的秘诀是什么呢？

研究发现，主要如下几点：

第一，宁缺毋滥。在开展业务时，从不追求大而全。在人员招聘时，非常注重员工的能力与品德兼备，即使一时找不到较好的业务、一时招不到优秀的员工，也宁可不做缺位，也不凑合而降低标准。

第二，宁慢毋急。迈世勒银行之所以能够300多年屹立不倒，是因为"宁慢毋急"是其中的秘诀之一。迈世勒家族现任掌门人弗里德里希·冯·迈世勒在接受媒体采访时坦言："欲速则不达"是迈世勒银行330年不倒的根本原因。在弗里德里希·冯·迈世勒看来，"欲速则不达"的经营其实是在追求稳健第一，速度第二。冒进让路于稳健，速度服从质量。正是因为迈世勒银行历任掌门人抓住了银行就是经营风险这个管理核心，才避免了盲目扩张而导致的诸多风险，因为风险往往是在激进冒进、盲目扩张网点和业务、超负荷经营时发生。

第三，"不涉足任何自己不熟悉的业务"。"不涉足任何自己不熟悉的业务"是迈世勒银行一直坚持的一个祖训。在开展业务时，迈世勒银行只从事自身最擅长的业务，把自己熟悉的业务领域和优势都充分发挥出来。当然，这也是迈世勒银行不盲目扩张的关键。正是坚持"不涉足任何自己不熟悉的业务"的做法，迈世勒银行至今也不愿意上市。关键在于在330年历史长河中始终保持不眼红于其他行业赚大钱和一夜暴富而跟风介入。

正是因为迈世勒银行坚持上述三个法则，迈世勒银行虽然经历两次世界大战，在战争和金融危机中，对其业务发展遭受重创，但是迈世勒银行却能够迅速站立起来，终于化险为夷。

在创业初期，不管是想要做强，还是做大，其最真实的想法就是活下去，只有活下去才可能谈发展；只有活下去，才能谈规模；只有活下去，才可能寻找企业发展的机会；只有活下去，才有创业成功的可能。

第二章

"盐碱地"："鸡肋战略"的战略意义

华为的成功在于坚持不懈地推进"鸡肋战略"，在西方大公司看不上的盐碱地上，我们一点一点地清洗耕耘，所以我们把网路产品做到了世界第一，这是华为立足的基础。思科的危机在于毛利过高，我们不谋求暴利，才活了下来。而且，这么薄的利润也逼着公司在很窄的夹缝中锻炼了能力，提高了管理水准。

——华为创始人　任正非

晚清状元张謇的"盐碱地"开发

在任正非的人生中，位于贵州省安顺市的镇宁县，是其魂牵梦绕的地方。不仅被华夏引以为豪的中国最大瀑布——黄果树瀑布在镇宁境内，而且那是任正非出生的地方。

据百度百科介绍，镇宁布依族苗族自治县，位于贵州省西南部珠江水系与长江水系分水岭，隶属安顺市。地理位置处东经105°35′至106°1′，北纬

25°25′至26°11′。东与安顺市西秀区、紫云苗族布依族自治县相邻；南濒北盘江与黔西南自治州望谟、贞丰两县隔江相望，西同关岭布依族苗族自治县接壤；北与普定县、六枝特区毗邻。[1]

从这段简介可以看出，镇宁县可谓是一个降水充沛、物产丰富的地方，与盐碱地没有太多关系。然而，鲜为人知的是，任正非祖籍浙江浦江县，在其父母的熏陶中，自然也就知道"盐碱地"。不过，在任正非的视野中，较为尊崇的还是清末状元张謇的"盐碱地"开发，这给任正非在企业经营中带来了灵感和启发。

19世纪末期，中国被列强入侵，处在风雨飘摇之中的清政府已经摇摇如坠。为了挽救民族存亡，一大批爱国人士在这样的背景下开始了自己的实业救国之路，其中就包括晚清状元张謇。

一次偶然的机会，开发江苏沿海的"盐碱地"呈现了张謇实业报国的梦想。甲午战争由于中国战败，使得原本就不牢固的大清王朝已经是迟暮老人一般。1895年春，为了防止日本倭寇从通海登陆，再次入侵中国，"丁忧"在家的张謇奉旨办团练，偕赵凤昌去吕四海滩察看地形。

当张謇看到大片广袤的荒滩被废弃时，张謇为此惋惜不已，以至于张謇有了垦荒济民的想法。1901年，张謇创办了大生纱厂，且初战告捷。为了做大、做强、做长大生棉纺事业，此刻的张謇非常清楚，只有建立自己的棉花原料供应基地才有可能实现。

在当时的背景下，要想拥有供应基地，围海、垦荒、植棉的战略构想浮现在张謇的脑海里。然而，时局的动荡没有影响到张謇的计划，特别是义和团运动之后，满清政府被迫签订《辛丑条约》，清政府为此赔款4.5亿两白

---

1 百度百科.镇宁布依族苗族自治县[EB/OL].2014.http://baike.baidu.com/view/135952.htm?fr=aladdin.

银。时局才慢慢平静下来，中国境内的纱布市场逐渐走俏。

大生厂生产的棉纱在上海十里洋场一炮打响，大生的品牌被消费者所熟知，由于通海的棉质优良，售价也高于国内其他纱厂，获利颇丰。

当大生纱厂的经营日趋较好时，张謇将酝酿已久的海门荒滩围垦植棉计划与创业伙伴们谈论，张謇的计划却遭到与他患难与共的大生厂董事们一致反对。

董事们反对的理由是：垦荒不像办厂那样，种棉花主要还是靠天吃饭，特别是围海造田，其风险过高。张謇为了创办垦牧公司，建立棉花原料基地，其决心异常坚定，董事们见阻止不了张謇的改造"盐碱地"计划，就提醒张謇说："大生纱厂和垦牧公司都是你四先生当经理，将来挪用纱厂资金供垦牧公司周转，借了之后无力偿还，越借越多，总有一天会把大生厂拖垮，还望四先生注意避免。"然而，让张謇没有想到的是，董事们的谏言不幸言中。

当张謇凭借大生厂"以厂办垦"无望之后，张謇决定仿"泰西公司制"，向社会招股办垦。据初步预算，海门荒滩垦荒第一期工程需要白银30万两。为了顺利集资，张謇亲赴上海，力荐华商纱厂的老板们出资，同时也向他们讲述江苏沿海垦荒植棉对发展民族棉纺业的长远意义。

理想是丰满的，可现实却很骨感。张謇遇到了筹集困难，愿意投资的老板寥寥无几，他们多数都是急功近利的人，不愿意投资风险"盐碱地"改造。经过多方努力，张謇最后凭借"状元"的声望和大生纱厂的业绩，终于筹集了16万两股金。

尽管张謇只募集了只有预算30万两的一半，但是张謇却把这16万两作为启动资金，毅然竖起"通海垦牧公司"的大旗，鸣锣放炮。在这欣欣向荣的时刻，张謇率领2000余民工浩浩荡荡向黄海边挺进，从而掀开了中国近代史上开发沿黄海的宏伟序幕。

张謇十分清楚，"盐碱地"改造中，筑堤围海，工程浩大，不仅需要数千民工，而且其每日开支巨大；堤内农田水利配套设施建设，盐碱地改良工程，耗资也不是小数；遇大风潮袭来，堤岸冲毁，又得抢修重建。

可以说，在整个"盐碱地"改造中，资金问题始终困扰着这个曾经是状元的张謇。但是，面对困难，张謇没有退缩，而是咬紧牙关，边围、边垦、边招股。1904年，张謇募集股金20.9万两。直到1910年，张謇共历时10年，终于募集资金30万两。

功夫不负有心人，经过张謇的坚持，张謇筑堤围海垦荒成功。1911年，通海垦牧公司终于"堤成者十之九五，地垦者十之三有奇"，获地9万余亩。不仅如此，还建设了堤内水利设施配套，使得盐碱土地改良成功。这就能够为大生纱厂提供了优质原棉，股东们也终于在投资10年后分到了第一笔红利。

当盐碱地开发获得成功之后。1911年3月，终于露出笑容的张謇在召开的通海垦牧公司第一次股东大会上陈述垦牧10年的总结报告。在报告中，张謇热情洋溢地宣告经过10年的艰苦奋斗，原吕四海滩以堤划区，以区开河划土窀，以土窀建房安居，沟河成网，路桥配套，交通便捷。田成方，路成，房成排，树成行，现已"栖人有屋，待客有堂，储物有仓。种蔬有圃，佃有庐舍，商有廛市，行有涂梁，若成一小世界！"

其后，张謇又创造了公司加农户的经营方式，以"永佃制"吸引农民移民垦区，落户耕作，建起了既符合当时生产力水平，又有创新形式的新农村。[1]

---

1 施耀平.张謇沿海开发留下的历史思考[EB/OL].2014.http://www.360doc.com/content/14/0330/15/15840366_364934680.shtml.

海门市张謇研究会会员施耀平撰文分析说，张謇垦牧黄海第一滩大获成功。对此，著名学者胡适高度评价了张謇的做法。在《〈张季直先生传记〉序》中赞扬张謇道："做了30年开路先锋，养活了几百万人，造福于一方，而影响及于全国。"

在胡适看来，张謇垦牧成功，不仅意义其十分深远，积极地带动了当时的江苏沿海的大开发。20世纪20年代前后，江苏沿海南起海门、启东，经通州、如皋、东台、大丰、阜宁，北至灌云，漫长的海岸线上先后创办起垦牧公司84个，围垦海滩2000余万亩。其中张謇创办万亩以上的公司45个，张氏集团直接投资控制的盐垦公司（盐田垦为农田）14个，实投资本3216.9万元，垦地总面积4819611亩，植棉400余万亩，年产棉花60余万担，为大生纱厂乃至其他华商纱厂提供了大量的原棉。[1]

☐ "鸡肋战略"与华为国际化

张謇的成功，无疑激励着任正非。众所周知，不管是农耕时代，还是当下的机械化时代，对于农民来说，无疑会选择土壤肥沃、水势较好的土地来耕作。而像"盐碱地"这样的耕地，很多种植户是不会选择的。种植户之所以不会选择"盐碱地"，不仅因为农作物的产量很小，还因为改造这样的土壤需要耗费大量的人工和精力。

在企业市场的竞争中，这样的道理同样使用，在成熟市场，一些资金实力雄厚的跨国公司和本土企业往往看不上那些市场潜力较大而不成熟的市

1　施耀平.张謇沿海开发留下的历史思考[EB/OL].2014.http://www.360doc.com/content/14/0330/15/15840366_364934680.shtml.

场。这就给一些初创企业创造了条件。

在华为的发展中，作为创始人的任正非正是利用了开启"盐碱地"的"鸡肋战略"，为华为的生存和发展创造了条件。任正非曾在华为的财经变革项目规划汇报会上提到"盐碱地"的概念，所谓盐碱地是盐类集积的一个种类，是指土壤里面所含的盐分影响到作物的正常生长，严重的盐碱土壤地区植物几乎不能生存。[1]

一般地，盐碱地划分为三类：轻度盐碱地、中度盐碱地和重盐碱地。轻盐碱地是指含盐量在千分之三以下，其出苗率在70%~80%，轻度盐碱地的pH值为7.1~8.5；中度盐碱地的pH值为8.5~9.5；重盐碱地是指其含盐量超过6‰，出苗率低于50%，重度盐碱地的pH值在9.5以上。

在任正非看来，华为的发展同样是在"盐碱地"生存和发展起来的。公开资料显示，在很多市场，由于国际环境等诸多因素影响，辛勤耕耘却可能换来颗粒无收，这些地区和国家就被[2]任正非形象地称为华为的"盐碱地"。

任正非的比喻是非常恰当的。在中国大陆地区，华为的征战可以说是所向披靡，然而，在华为的国际化征程中，其海外市场的拓展却举步维艰、异常艰难。

是什么样的原因导致华为这样一个拥有狼性文化的中国优秀企业在美国也频频遭遇贸易壁垒的制约呢？原因还是美国以安全为由的贸易保护主义。这样的"潜规则"让华为颇为无奈。

据媒体报道，让华为在美国遭遇重重阻碍就是美国外国投资委员会（CFIUS）。该机构成立于1988年，专门负责审议外资收购。自从"中海油并

1 中国企业家.任正非总结华为成功哲学:跳芭蕾的女孩都有一双粗腿[J]. 中国企业家，2014（10）.
2 中国企业家.任正非总结华为成功哲学:跳芭蕾的女孩都有一双粗腿[J]. 中国企业家，2014（10）.

购案"之后，该机构对中国企业在美国的并购尤为警惕，甚至是成倍增加。

据《纽约时报》报道的消息称，该机构以国家安全为由，8名共和党参议员要求奥巴马政府仔细审视华为向美国斯普林特（Sprint Nextel）供应设备的相关事宜。要求美国政府和联邦调查局全面调查华为，评估允许其向斯普林特销售设备带来的风险。

让美国外国投资委员会忌惮华为并购的美国斯普林特公司到底是一个什么公司呢？据公开资料数据显示，斯普林特创办于1899年。目前，斯普林特建立并运营着美国境内唯一全数字的光纤通信网络。主要业务是为美国军队和法律执行部门提供设备，同时也为众多公司提供系列设施、系统软件和服务。

让美国外国投资委员会反对的是，在美国斯普林特公司无线宽带网络的扩容招标中，华为也参加了此次投标，华为有意向向斯普林特公司销售其无线通讯设备。于是遭致八名共和党参议员的反对。

这些议员们的理由是，一旦华为成为斯普林特的供应商，将会给美国国家以及公司的安全造成潜在的威胁。在狙击外国企业合作和并购中最冠冕堂皇的理由就是国家安全。正是这一理由，使得议员们反对华为的正常商业行为无懈可击，甚至还将信寄给了时任美国财政部长盖特纳和国家情报局局长拉珀。美国财政部发言人娜塔莉·维斯对此表示，财政部已经收到此信且正在回复，美国政府欢迎中国在内的外国公司的投资，外国公司的投资使美国经济受益匪浅，投资为美国制造了百万薪水不菲的岗位。[1]

当遭遇美国政府的有意刁难，华为对此发表声明回应说："美国总是以陈旧的错误面孔看待华为，公司对此十分失望。"而时任中国驻美大使馆发言人王宝东也发表声明称："我希望部分美国人能够以理智的方式对待这些

1　证券日报.华为美国招标再受挫　分析建议其海外上市[N].证券日报，2010-08-26.

正常的商务活动，而不要滥用国家安全之名。"

在美国这片"盐碱地"上，华为花费了不少精力，却收获甚微。资料显示，在华为的全球版图中，北美市场是其最薄弱的部分，仅占不到1%的份额。寻找大型收购标的成为华为一条快速突破北美市场的捷径。但2010年7月的2Wire及摩托罗拉无线设备部门这两起并购案均以失败告终，而这并不是华为在北美的首次遇挫。[1]

3年前的2007年，当时的华为携手国际投资机构贝恩资本打算收购3Com，但是并购因为美国政府担心华为获得美国国防部使用的反黑客技术，最终被美国外国投资委员会否决。而3Com则被惠普公司成功收购。

在美国这块盐碱地上，华为也曾经做过不少努力，但是因为西方政府的贸易保护而最终搁浅。如华为试图收购北电网络的一部分业务，由于华为有被起诉侵犯知识产权等"污点"。华为最终也被禁止并购，其被爱立信并购。

研究发现，华为的遭遇不仅仅在北美市场上，在印度市场上，华为同样不断地遭遇挫折。2009年12月，印度电信部宣布，服务提供商必须得到政府批准。其后，华为在印度市场中大约3亿美元的业务就这样不得不被搁置。

印度电信部颁布的新规定，设备厂商必须允许电信部、运营商或者指定机构对其硬件和软件产品以及设计研发、制造以及销售过程进行审查，并将所有软件交给安全风险监测机构进行审查。

根据新规定显示，一旦设备商的产品被监测出安全问题，不仅将面临高额罚款，甚至被印度政府列入"黑名单"。

当印度这样的措施宣布后，尽管这些新规定要求电信设备供应商向印度政府提供其设备的源代码和工程设计，以及其他条件，但是作为华为的目标市场，华为自然也愿意接受印度的新规定。

一点一点清洗耕耘非洲市场这块"盐碱地"

不管是在美国，还是在印度，从华为的遭遇来看，正是华为坚持不懈地推进"鸡肋战略"，在西方大公司看不上的盐碱地上，一点一点地清洗耕耘，而且，薄利也逼着公司在很窄的夹缝中锻炼了能力，提高了管理水平。[1]

当华为在美国和印度等市场遭遇各种不友善的阻击时，华为把非洲市场作为一个拓展的目的地。事实上，华为作为全球设备制造商，积极地开拓非洲市场也是情理之中的事情。

为了进军非洲市场，华为也面临众多通信巨头的阻击。如在尼日利亚市场。1992年，尼日利亚政府成立了尼日利亚通讯委员会，其目的是指导尼日利亚通讯业的发展。

在具体的操作层面上，尼日利亚政府通过向通讯运营商和通讯服务供应商发放经营许可证，从而来促进外国资金和尼日利亚私人资金来参与通信建设来促进其通讯业的发展。

在当时，尼日利亚最大的国有通讯公司——尼日利亚国家电信有限公司（NITEL）在竞争中尽管其实力有所下降，但是仍处于尼日利亚通讯市场的主导地位。

当尼日利亚政府允许外国资金进入其通信行业，一批众多的与国外合资

1　中国企业家.任正非总结华为成功哲学:跳芭蕾的女孩都有一双粗腿[J]. 中国企业家，2014（10）.

的通讯运营公司如MTN公司、V-mobile 公司、starcomms 公司、Intercellular 公司、EMIS公司、Multi-Links公司、MOBITEL公司及BOUDEX公司如雨后春笋般发展而起。同时由石油大亨和大银行控股的纯本地股份公司如Globecom公司和Reltel公司也参与竞争，其竞争的势态开始凸现。

虽然竞争的烽烟开始升起，但是尼日利亚通讯运营公司没有通讯设备和技术，在此之前，以西门子公司为首的西方通讯设备供应商利用20世纪70年代甚至60年代的产品技术，让西方通信设备供应商没有想到的是，虽然技术成就，但是却一举占领了尼日利亚的通讯市场。如1999年，西门子的通讯设备占据通讯市场的60%，阿尔卡特占据中北部地区总容量的18%，而爱立信占据15%。

由于尼日利亚通讯业快速发展，摩托罗拉、朗讯等通信设备商也对尼日利亚市场虎视眈眈，其市场的竞争日趋激烈，即使是西方国家通讯设备供应商同样如此。

在这样的背景下，西方公司特别是德国公司在尼日利亚市场上培植了具有一定专业技能和管理的一代人，有着深厚的社会基础和政治影响力。需要指出的是，在此期间虽然尼日利亚政府鼓励自由竞争，但其通讯管理相当混乱，政治腐败与经济生活密切关联，没有相当的政治背景和政治保护是不可能进入尼日利亚通讯市场的。因此，西方公司有着先入为主，得天独厚的竞争条件。[1]

在此背景下，无疑给华为拓展尼日利亚通讯市场增加了难度。1998年，华为选择了尼日利亚通讯市场，在拓展初期，尽管十分困难，其收成几乎是颗粒无收，但是经过华为人艰苦努力的奋战，华为的辛苦努力得到了回报。

---

1 驻尼日利亚拉各斯经商参处子站.中国企业开拓尼日利亚通讯市场的现状、存在问题及建议[EB/OL].2014. http://ccn.mofcom.gov.cn/spbg/show.php?id=3688.

2003年，华为成为尼日利亚著名公司——MTN和Starcomms这两家公司的主流设备供应商，实现销售额达到7000多万美元。

当华为打开了尼日利亚的市场大门后，其产品品牌及市场份额不断上升，各主要产品的市场地位已经超过各西方主要竞争对手。毫不夸张地说，华为已经成为尼日利亚最大的通讯设备供应商，有些产品还取得了绝对优势地位。如2004年，华为在MTN移动通讯市场份额从2003年的25%上升到50%，并取得MTN尼日利亚传输骨干网全部市场份额；在Starcomms市场取得全部新建市场份额的同时，还成功地搬迁了西方厂家在拉各斯的核心网；在Vmobile市场取得了全国2/3区域的市场份额，并成功地搬迁了西方公司在北方和中部的GSM网；在Globacom市场突破了移动和传输项目等。[1]可以说，华为设备遍及尼日利亚几乎所有的主流通讯运营商，如GSM的市场份额超过了50%，CDMA市场份额达到了90%，2004年，实现销售额3.5亿美元。

华为凭借高品质的产品和高效的服务，赢得了尼日利亚合作伙伴们的认可，并成为尼日利亚Vmobile、Globacom、Intercellular等公司的战略伙伴。2005年4月，华为公司与尼日利亚通讯部在人民大会堂签订了《CDMA450普遍服务项目合作备忘录》及华为公司在尼日利亚投资协议，协议金额2亿美元。CDMA450由于使用低频段，其无线电波不受地理条件的限制，可以绕过山坡、树林、河流、湖泊，实现无线覆盖半径60公里以上，因此，该方案将快速地解决尼日利亚220个地方政府无通讯覆盖的问题，使尼日利亚全国的通讯覆盖率提高一倍以上，同时促进尼日利亚远程教育、远程医疗等服务的发展。[2]

1　驻尼日利亚拉各斯经商参处子站.中国企业开拓尼日利亚通讯市场的现状、存在问题及建议[EB/OL].2014. http://ccn.mofcom.gov.cn/spbg/show.php?id=3688.
2　驻尼日利亚拉各斯经商参处子站.中国企业开拓尼日利亚通讯市场的现状、存在问题及建议[EB/OL].2014. http://ccn.mofcom.gov.cn/spbg/show.php?id=3688.

第三章

红军蓝军：进攻是最好的防守

（面对竞争）不要以为我们一定有招能防住它，我们公司的战略全都公开了，防是防不住的。我们要坚持开放性，只有在开放的基础上我们才能成功。防不胜防，一定要以攻为主。

——华为创始人　任正非

蓝军想尽办法来否定红军

在很多军事演习中，经常会提到红军和蓝军的概念，不管是美国的军事演习，还是中国的军事演习，红军和蓝军是必须存在的，只有这样的对抗，才能知道军队本身的弱点和盲点。

在军队中，即使没有发生战争，也会通过假想敌来推演。在电视剧《亮剑》中就有这样的介绍，在南京军事学院学习的学员丁伟在论文答辩时把假想敌称之为A、B、C三个国家，其具体的情景如下：

考官：下一个，丁伟，他的论文标题是：《论我国国土防御的重点》。

丁伟：各位主考，同志们。当你仔细深入地了解了一个国家的地理，你就对这个国家的国防政策及其战略防御的重点有了更清醒的认识，一个可以依靠和信任的邻居是我国生存利益的所在。我想打一个比方，比如有一个四世同堂的大家族，那么这个家族谁说话最算数呢？当然是年长的老太爷，老太爷的健在，使这个家族充满了凝聚力，那么我在想，万一有一天，老太爷去世了，怎么办？这个家族会不会由此而支离破碎？答案是肯定的。在这种群龙无首的状况下，家里的兄弟们必然要分家单过、另起炉灶。由此我得出一个结论：一个大家族的稳定是相对的，而分裂则是必然的。

考官：丁伟同志，你到底想表达什么？

丁伟：对不起，请耐心地听我讲下去。我要说的是：在当今世界大的战略格局下，我国国土防御的重点问题。我想向在座的各位提一个问题：有谁能够保证在未来的10至20年之内，我国的领土不会受到外敌的入侵？恐怕没人做这个担保，那么我们的敌人会是谁呢？不知道。这正是我和在座的诸位必须要面对的一个问题，必须要思考的一个问题，必须要重视的一个问题。那好，我们就把未来可能出现的敌人设定为——假想敌——A、B、C三个国家。

请看地图：我国领土的南部，直接的威胁就是台湾的国民党部队，以及他们占领的诸岛屿。间接的威胁是驻守在台湾海峡的A国第七舰队，以台湾目前的军事状况，很难发动一场大战，充其量只是局部的有限战争。而A国刚刚在朝鲜板门店签署了停战协定，短时间内无力再战。况且A国由于国家体制等诸多因素的限制，不会轻易地卷入一场大型战争。

再看我国领土的东部——B国，在二次大战当中，B国的军事工业被全部的摧毁，20年之内很难东山再起。那么从国土防卫的角度上来看，我认为，我国领土内陆的防御重点应该放在西北部、北部及东北部边境。我们未来可能面临的假象敌国是——C国。

院长：做出让丁伟继续答辩的手势。

丁伟：我刚才说过，任何一个大家族的稳定都是相对的，那么是否可以这样认为，国家与国家之间的军事联盟也是如此，兄弟手足之间可以为了利益而反目成仇，那么国家与国家之间的军事联盟就更为脆弱！在任何时候，任何条件下，国家利益、民族利益都要高于意识形态的信仰，别的都是扯淡。

同志们，我要申明一点：今天我说谈的不是政治问题，也不是外交问题。作为军人，我所考虑的是单纯的国土防卫问题。从理论上讲，一个国家的周边地区出现一个军事强国，不管这个军事强国有没有动手的打算，事实上，潜在的威胁已经构成。动不动手的主动权，不在我方手中。请看我国的西北部、北部及东北部边境线，几乎无险可守，地形不利于我，极易受到攻击。新疆、内蒙的戈壁草原非常适合大规模装甲集群部队及摩托化纵队的展开。

我国东北地区的战略地位前出，易受来自不同方向的攻击对方一旦得手，我国将丧失重工业基地和战略资源基地，后果不可设想。旅顺港的失守，将使对方在我国的北方地区建立起一个稳固的战略支撑点。他们的舰队可以沿我国的海岸线巡航。我国10000多公里的海岸线，将全部被封锁！而对方却可以在漫长的海岸线任何一点进行两栖登陆。

同志们，这绝非是耸人听闻！也不是杞人忧天！而是在将来的某一天，很可能要发生的事情！这潜在的巨大威胁是实实在在的。

考官：好，丁伟，你的设想是什么？谈点具体的。

丁伟：好，我的结论是：我们应形成一种统一的战略构想，把对付来自北方的威胁放在首要地位上。具体的军事部署应该是这样的：

第一，在东北地区，建立永备的国防工事，设置大纵深、多梯次的防御地带，二线部队应设立精锐的机动兵团，作为强大的战略预备队。

第二，在西部和北部，防御重点在二线。干脆让出戈壁和草原，依托有利的山脉组织防御。

第三，东北的一线兵团应确立全攻全守的作战指导，具体实施就是：采用，你打你的，我打我的战术，避过敌军的攻击精锐，把战场摆入敌方境内。如果我们能切断纵贯西伯利亚的铁路大动脉，那么敌人的突击集团就会失去后勤保障！攻击势头必然顿挫！而后我们就可以……

考官：丁伟，你的政治立场很危险！任其发展下去，太可怕了！

丁伟：我刚才说过，我今天所讲的，是单纯的国土防御问题，就事论事，与政治、外交无关！如果同志们有什么想法，你就把她当作沙盘上的一场军事对抗游戏好了，但是我要强调的是：尽管这是一种设想或游戏，我认为在将来的某一天很可能发生！我是军人，我要做的就是未雨绸缪！

考官：院长，你看丁伟不是信口开河吗？把我们的邻国当成假想敌！这样发展下去丁伟他也太危险了！

院长：既然我们在学术上提倡自由争论、探讨问题，我看这没什么大惊小怪的，军事学院毕竟不是总参谋部，我们不是在制定国策和战略方针。战争是一个充满偶然性领域，围城之内都设置桎梏，这样不能想，那也不能动，那还办什么学，是不是？干脆办一个标准工厂，可我们不是生产机器啊。事实上，我们可以把世界任何国家的军队作为假想中的对手，这没什么奇怪的，一个将领如果没有现实中的对手，他可以创造一个假想中的对手。假设敌不过是一个代号而已。如果你高兴，这个代号可以叫作阿猫阿狗都行。

考官：那论文怎么办？

院长：论文通过，存档。

在这个情景中，丁伟这段论述可以称之为精辟的 SWOT 分析。从时间、空间、历史、现实、自然、社会等多全方位、多角度地分析了各种情况。[1]在很多内部讲话中，任正非非常推崇《亮剑》这部电视剧。足以看出，作为军人企业家的任正非非常重视红蓝军演的对决。

尽管丁伟将自己的分析称之为沙盘游戏，其实就是军演的另外一种推演。众所周知，提及军演，首当其冲的就数美国的"红旗"军演。美国的"红旗"军演，其历史起源可以追溯到20世纪的越南战争。

在美国与越南进行的空中作战任务中，尽管美国空军装备了世界上最先进的战斗机，但是美国空军竟然损失惨重——美国空军在越南战争期间的战损比只有2∶1，空军飞行员的空战素质和作战效能却跌到了历史的最低点，根本无法与二战期间的优异成绩相提并论。

究其原因，美国空军及其飞行员过分地迷信装备和电子技术，忽视了基本的空战技能。在越南战争期间，尽管美国空军装备了当时相当先进的F-4"鬼怪II"战斗机，配备远程雷达、"麻雀"中程空对空导弹和"响尾蛇"红外制导近距格斗导弹。然而，这些先进的战斗机在遭遇越南空军的"米格-17"和"米格-19"战斗机时却经常没有还手之力，一旦F-4与这些"米格"战斗机卷入近距空战，F-4的空空导弹优势无法发挥，很多美军飞行员竟然不知道如何进行格斗空战，胜算往往掌握在越南军人的手中。[2]

1　中国安防器材网.《亮剑》对企业管理的启迪原作[EB/OL].2014.http://www.21af.com/news/11/53831.html.

2　腾讯网.美军"红旗军演"开打　西方战机盯紧印苏-30 [EB/OL].2014.http://news.qq.com/a/20080722/000747.htm.

当知道真相的美国空军在震惊之余，着手解决空军飞行员的空战素质和作战效能的问题。美国空军责令驻内华达州内利斯空军基地的空军战术战斗机武器中心进行了一系列名为"红男爵计划"的研究，特别是对东南亚战争中的所有空对空作战问题进行分析。从而提出解决问题。

20世纪70年代中期，美国空军都在加强注重专业性和真实性的飞行员训练工作。此时美国空军司令部作战局提出了一项更大胆的建议：即建立一个全新的演习机制，使空军初级飞行员能够在安全的环境中体验真实的空中作战。1975年4月，美国空军战术司令部在其战斗机武器研讨会上正式宣布组建"红旗"演习。该演习利用当时现有的资源，尤其是内利斯基地的两个"入侵者"中队对经验有限的飞行员进行集中训练。[1]就这样，美国的"红旗"军演诞生了。

华为令思科恐惧的根源

在军事中，红蓝军演是军事实力对抗的一种具体的表现，那么这样的竞争行为也存在于企业的竞争和管理中。当美国《华尔街日报》记者向时任思科CEO约翰·钱伯斯提出"在所有的公司中，哪一家让你最担心？"这个问题时，约翰·钱伯斯毫不迟疑地回答："这个问题很简单，25年以前我就知道，我们最强劲的竞争对手将会来自中国，现在来说，那就是华为。"

这并不是约翰·钱伯斯第一次在公开场合高度评价华为了。可能读者不了解约翰·钱伯斯，《IT时代周刊》是这样评价他的："20多年来，在思科董事

---

1 腾讯网.美军"红旗军演"开打 西方战机盯紧印苏-30 [EB/OL].2014.http://news.qq.com/a/20080722/000747.htm.

会主席兼首席执行官约翰·钱伯斯的带领下，弱小的思科逐渐成长为硅谷以及全球最耀眼的明星。本世纪初，思科曾摘取5000亿全球市值最高公司桂冠。"

众所周知，如果按照不同的产品线划分，思科的竞争对手多如牛毛，但真正对思科产生威胁，并让钱伯斯忌惮的就凤毛麟角了。

在2011年的思科分析师大会上，作为CEO的约翰·钱伯斯就逐个点评了思科的竞争对手。在过去16年中，Juniper一直是思科重要的对手之一，其步步紧逼的态势让思科有点喘不过气来，然而，钱伯斯却认为，Juniper是并不是思科的主要竞争对手。

当思科在2008年推出服务器之后，其原重要合作伙伴——惠普，惠普的加入无疑使得其从同一阵营中决裂，特别是惠普收购H3C之后，思科与惠普的关系已经势同水火。

在钱伯斯看来，一直在服务器领域扩张的IBM，似乎并没有太在意。钱伯斯认为，惠普与思科在战略和市场上更为接近。在这样的背景下，钱伯斯把思科的战略放在全球范围，其目的就是击溃惠普。

在所有竞争者中，华为似乎比前两大劲敌得到了钱伯斯更高的赞誉，华为被钱伯斯称为最强劲的对手。钱伯斯表示，思科将在本土及全球市场与华为全面开战。钱伯斯的这个说法多少令人有些惊讶。如果将华为列为最大竞争对手的是爱立信，那么一切看起来都顺理成章，可是，最视华为为"眼中钉"的却是思科。[1]

得到世界500强CEO的高度关注，任正非的管理模式可以是非常出色的。比如，任正非曾在讲话中谈到的"红军蓝军"的军队管理模式，从而让媒体争相报道。

---

1 马晓芳.华为战思科即将上演：双方技术差距明显缩小[N].第一财经日报，2012-04-12.

任正非曾在讲话中指出："华为的蓝军存在于方方面面，内部的任何方面都有蓝军，蓝军不是一个上层组织，下层就没有了。我认为人的一生中从来都是红蓝对决的，我的一生中反对我自己的意愿，大过我自己想做的事情，就是我自己对自己的批判远远比我自己的决定还大。我认为蓝军存在于任何领域、任何流程，任何时间空间都有红蓝对决。如果有组织出现了反对力量，我比较乐意容忍。所以要团结一切可以团结的人，共同打天下，包括不同意见的人。百花齐放、百家争鸣，让人的聪明才智真正发挥出来。那些踏踏实实做平台的人，他们随着流程晋升很快，也不吃亏。这样既有严肃又有活泼，多么可爱的一支队伍啊。"

在任正非看来，"蓝军"扮演假想敌部队，当战争来临时，红军来抵御蓝军的入侵，蓝军部队作战方法是："出人意料"的，这就给红军带来了很大的威胁，只有经常与他们"打交道"才不会打败仗，强大的"蓝军部队"使"红军部队"在演习中不断进步。[1]

不知道如何打败华为，说明已到天花板了

2013年11月，《第一财经日报》记者马晓芳采访华为时，让其好奇的是，在进入华为大楼时，却看见华为员工的工牌上写着"蓝军参谋部"。其实，任正非作出这样的战略部署也在情理之中的，首先，任正非有过参军的经历，对军事化的管理模式较为推崇；其次，任正非是一个崇拜毛泽东思想的企业家，其在制定战略时，沿用毛泽东思想来规划华为的未来，也是水到渠成的。

---

1 中国企业家.任正非总结华为成功哲学:跳芭蕾的女孩都有一双粗腿[J]. 中国企业家，2014（10）.

当美国以国家安全为由拒绝采购华为产品后，任正非在一次内部讲话中再次为华为在美国受阻提出解决办法，其公开后引发外界格外关注，如"有一天我们会反攻进入美国的"。可以说，任正非的这些讲话具有军事色彩，也很吸引眼球。在讲话中，任正非特别提到了华为的"红军"和"蓝军"。由此将华为这支"潜伏"了10多年的业务精兵聚焦在公众的视野中。

在任正非看来，所谓"蓝军"，原指在军事模拟对抗演习中专门扮演假想敌的部队，通过模仿对手的作战特征与红军（代表正面部队）进行针对性的训练。在华为，其"蓝军"与之相类似。按照任正非的解释是，"蓝军想尽办法来否定红军"。

据《第一财经日报》记者马晓芳的报道，"蓝军"是华为战略营销部下属的一个部门。其实这个部门的作用比外界猜想的还要大，"蓝军参谋部"是华为整个集团的核心职能平台之一。

在任正非的全球化战略中，重提"蓝军"并非是一件偶然的事情。这主要是华为已经成为与瑞典通信巨头爱立信比肩的设备商，但是危机感较强的任正非却不愿意止步于此。

任正非在一次向其汇报无线业务的会议上说说："我特别支持无线产品线成立'蓝军'组织。要想升官，先到'蓝军'去，不把'红军'打败就不要升司令。'红军'的司令如果没有'蓝军'经历，也不要再提拔了。你都不知道如何打败华为，说明你已到天花板了。"

在华为，作为竞争者角色的"蓝军"其实并不是一个新的组织，早在十多年前就有这个部门了。

据《第一财经日报》记者马晓芳在采访时了解，华为的"蓝军"部门最早由华为前高级副总裁郑宝用负责，但是当郑宝用一度淡出华为，而"蓝军"部门即渐行渐远了。

在华为，"红军"代表着现行的战略发展模式，"蓝军"代表主要竞争对手或创新型的战略发展模式。"蓝军"的主要任务是唱反调，虚拟各种对抗性声音，模拟各种可能发生的信号，甚至提出一些危言耸听的警告。通过这样的自我批判，为公司董事会提供决策建议，从而保证华为一直走在正确的道路上。[1]

按照华为顾问田涛和吴春波在其著作《下一个倒下的会不会是华为？》中的介绍，"蓝军参谋部"主要职责包括：

从不同的视角观察公司的战略与技术发展，进行逆向思维，审视、论证"红军"战略/产品/解决方案的漏洞或问题；模拟对手的策略，指出"红军"的漏洞或问题；

建立"红蓝军"的对抗体制和运作平台，在公司高层团队的组织下，采用辩论、模拟实践、战术推演等方式，对当前的战略思想进行反向分析和批判性辩论，在技术层面寻求差异化的颠覆性技术和产品。[2]

在华为的发展中，"蓝军"曾为其做过重大贡献。2008年，当华为计划将其子公司——华为终端出售给贝恩资本时，在此阶段，"蓝军"通过多渠道调研发现，终端是非常重要的，为此，还提出了云计算结合终端的"云管端"战略，有效地避免了华为出售终端业务的发生，而且华为终端取得了巨大的业绩。据市场研究公司Strategy Analytics2013年第三季度数据显示，华为终端已经成为全球第三大手机厂商，仅次于苹果和三星。

《第一财经日报》记者马晓芳在采访时，从制度上，华为给"蓝军"以

---

1 马晓芳.揭秘华为"红蓝军"任正非誓言"反攻美国" [N].第一财经日报，2013-11-26.
2 田涛，吴春波.下一个倒下的会不会是华为：P242-244[M].北京：中信出版社，2012.

及"蓝军"所代表的反对声音更多宽容。按照华为规定，要从"蓝军"的优秀干部中选拔"红军"司令，在任正非看来，"你都不知道如何打败华为，说明你已到天花板了"。

"我们在华为内部要创造一种保护机制，一定要让'蓝军'有地位。'蓝军'可能胡说八道，有一些疯子，敢想敢说敢干，博弈之后要给他们一些宽容，你怎么知道他们不能走出一条路来呢？"任正非在上述会议上引用法国马其诺防线失守的典故称，防不胜防，一定要以攻为主。任正非说：

"世界上有两个防线是失败的，一个就是法国的马其诺防线，法国建立了马其诺防线来防德军，但德国不直接进攻法国，而是从比利时绕到马其诺防线后面，这条防线就失败了。

"还有日本防止苏联进攻中国满州的时候，在东北建立了17个要塞，他们赌苏联是以坦克战为基础，不会翻大兴安岭过来，但百万苏联红军是翻大兴安岭过来的，日本的防线就失败了。所以我认为防不胜防，一定要以攻为主。攻就要重视蓝军的作用，蓝军想尽办法来否定红军，就算否不掉，蓝军也是动了脑筋的。

"三峡大坝的成功要肯定反对者的作用，虽然没有承认反对者，但设计上都按反对意见做了修改。我们要肯定反对者的价值和作用，要允许反对者的存在。"

在任正非看来，攻就要重视"蓝军"的作用，想尽办法来否定"红军"，就算否不掉，"蓝军"也是动了脑筋的。[1]

---

1 马晓芳.揭秘华为"红蓝军"任正非誓言"反攻美国" [N].第一财经日报，2013-11-26.

防不胜防，一定要以攻为主

在军人企业家任正非看来，经营企业如同打仗一样，进攻是最好的防守。在电视剧《亮剑》中，团长李云龙在与日寇作战时，居然利用反突围战术成功脱险，而且还成功打死两名日军指挥官。

在电视剧中，有这样的对话：

李云龙：传我的命令，全体上刺刀，准备进攻。

张大彪：进攻？团长，现在是敌人在进攻呀？

李云龙：没听见命令吗？听仔细了，到了这个份上咱不会别的，就会进攻。

张大彪：全体上刺刀，准备进攻（传达命令）

……

李云龙：兄弟们，都说小鬼子拼刺刀有两下子，老子就不信这个邪，都是两个肩膀扛一个脑袋，谁怕谁呀，我们新一团不是被吓大。

在楚云飞团长看来，李云龙的做法是很危险的，其理由是——他们的装备太差了，弹药又不足，跟这样强悍的对手交火，恐怕是凶多吉少。

然而，当接到撤退命令时，李云龙此刻已经没有撤退的可能，李云龙的理由是——坂田联队的刺刀都顶到老子鼻子上了。对话如下：

士兵甲："旅长命令新一团交替掩护后撤，从余家岭方向突围，由771团和772团负责掩护新一团。"

李云龙："后撤？坂田联队的刺刀都顶到老子鼻子上了，这会后撤，亏他们想得出来，反正是突围，从哪儿出去不一样啊。"

张大彪：团长，余家岭方向是鬼子包围的薄弱点，从那边突围把握性大一点。

李云龙：你懂什么？我们这一撤坂田这个兔崽子肯定压上来，到那时候我们更被动。

李云龙进攻的作战思想，其实就是最好的防守。任正非曾经作为一名军人，非常明白其道理的。当华为在美国遭遇重重阻碍时，任正非就已经开始做好如何"反攻"美国的准备了。

在任正非看来，只有积极地拿下美国市场，才能更好地与对手竞争，尽管华为已经是中国的区域冠军，但是其浓厚的危机意识让任正非清楚，一旦华为丧失进攻的斗志，华为的明天也会不复存在。

据2012年财报显示，华为的净利润远高于爱立信。华为当初从一个追随者逐步变成一个领跑者。在竞争激烈的通信行业，如何防止"下一个倒下的就是华为"是摆在任正非面对的一个不得不面对的问题。《第一财经日报》记者马晓芳更是直言"蓝军"的存在是华为忧患意识的表现之一。足以看出华为创始人任正非的浓厚危机意识。因此，对于任何一个企业而言，哪怕是世界500强企业，没有红蓝两军的对抗，其潜在的危机已经不远。

在计算机领域内有两个名噪一时的巨人，这两个巨人都曾经因不能割舍其企业优势而遭到重大挫折。而这两个巨人一个是王安；而另一个就是将个人电脑业务出售给中国联想的IBM。

在人类社会开始有规模使用计算机科技的早期，王安几乎可以说是计算机的代名词。1972年，王安公司研制成功半导体的文字处理机。

1974后，王安公司又推出这种电脑的第二代。其实，王安公司的计算机其实是文书处理器，因为产品做得极好，使得办公室的效率大大提升，所以产品极畅销，成为当时美国办公室中必备的设备。

而后王安公司对其进行大量投入和科研工作，使王安公司的产品日新月异，迅速占领了市场。此刻的王安公司，其产品对数电脑、小型商用电脑、文字处理机，以及其他办公室自动化设备都遥遥领先于竞争者。

后来，有竞争者开始尝试要将计算机科技的运用更加多元化，增加许多文书处理以外的功能。

面对竞争者的加入，而王安却错误地认为，没有消费者会购买一台额外功能过多的笨重电脑，消费者需要的只是一台针对文书处理方面，功能更为强大的电脑产品。

在这样的战略前提下，王安公司加紧研发，尽管做出的新产品已经日臻完善，但是却无人问津。最后，王安计算机这一个曾经沧海的计算机巨人，终究难逃倒闭的命运。

后来的IBM，其状况如同王安的翻版一般，IBM的专长业务是大型计算机。当计算机做得越大，其计算功能也就越强，意味着生产者的技术层次越高，IBM在此领域一向是不能让人专美于前的。

后来，苹果计算机开始涉足个人计算机，在IBM这个蓝色巨人看来，对此嗤之以鼻。让IBM领导者没有想到的是，苹果计算机的市场越做越大，而IBM的市场越做越小，甚至小到要裁员关厂才能经营下去。

王安和IBM这两个计算机巨擘都犯了一个同样的毛病，过于迷恋企业的竞争优势。没有把科技的快速变化考虑进去，甚至还自我认为没有其他因素能阻碍企业的竞争优势，更不相信自己会败给刚进入的挑战者。

其实，企业竞争优势就像武侠小说里所描述的情节一样，一旦江湖上出现一个"打遍天下无敌手"的盖世武功时，立即就武林中人日以继夜，苦练破解这个盖世武功的办法。而韩信用兵总是不能拘于一格，往往能一一举歼敌，之后更能因敌变化，做到百战不殆。

客观地说，在商场上的竞争如同军事作战复杂万端，过于固守企业的某个优势，要想在竞争中打败对手是根本不可能的。只有完全评估自己的劣势，才能保证企业的正常发展。

其实，不管是王安，还是IBM。这两家计算机公司都曾犯了只相信自己的优秀产品，不相信优秀的产品没有市场，以为只要把产品做到极致，就自然会吸引消费者的错误。

当IBM等公司致力发展个人电脑之际，高层经理还建议王安电脑小型化，而却王安却没有采纳高管们的建议，拒绝开发这类产品。

然而，王安却忽略了在电脑这一高科技含量且高速发展的行业中，一旦新产品开发与市场需求相背离。这将加速公司战略驶离正确的战略通道。

对此，微软创始人比尔·盖茨在接受媒体采访时就坦言说："如果王安公司能完成他的第二次战略转折——实现电脑小型化，那么世界上可能没有今日的微软公司。"所以一名家族企业创始人，不仅要有能力对公司能够力挽狂澜，而且还能够把传统的管理模式阶段化，把产品优势阶段化，做到与时俱进，具体问题具体分析。但是有很多领导者不仅不能把传统的管理模式作更深层次的运用，而且还经常把传统的经验大力发扬，"放之四海而皆准"，从而导致失败。

王安公司、IBM如此，在任正非看来，华为的"成功"和优势同样充满危机感。任正非说："我们不主动打破自己的优势，别人早晚也会来打破。"

任正非的忧虑是有道理的，在市场环境瞬息万变的今天，什么事情都有可能发生，再加上竞争对手"虎视眈眈"。阿尔卡特朗讯转型已经初露曙光，微软收购了诺基亚手机业务之后，诺西手握72亿美元成为最有钱的设备商之一[1]。按照任正非之前的判断："很有可能就从后进走向先进了。"

任正非介绍了华为的优势。任正非说："华为过去市场走的是从下往上攻的路线，除了质优价低，没有别的方法。"

在华为国际化的征程中，质优价低是目前取得成功的关键。然而，这样的态势还是需要改变。华为曾有过这样一个假设：数据流量的管道会变粗，变得像太平洋一样粗，并在此基础上提出了"云管端"的战略，具体到华为的做法上，就是成立三大BG（业务集团）：运营商BG、企业业务BG和消费者BG。[2]但是，任正非此前谈到这个话题时也无法给出结论，"这个假设是否准确，我们并不清楚。如果真的像太平洋一样粗，也许华为押对宝了。如果只有长江、黄河那么粗，那么华为公司是不是会完蛋呢？"

在这样的危机意识下，保证华为始终走在正确的方向和道路上尤为关键。在任正非看来，开放是及时调整找到正确的方向和道路的最佳答案。

"（面对竞争）不要以为我们一定有招能防住它，我们公司的战略全都公开了，防是防不住的。我们要坚持开放性，只有在开放的基础上我们才能成功。"任正非说，"防不胜防，一定要以攻为主。"

在市场拓展中，向竞争者发起进攻，这就要听到不同的声音，而这正是华为"蓝军"的价值所在。任正非在接受媒体采访时断言："我们要走向开放，华为很快就是世界第一……总有一天我们会反攻进入美国的。"

任正非介绍说：

---

1 马晓芳.揭秘华为"红蓝军"任正非誓言"反攻美国"[N].第一财经日报，2013-11-26.
2 马晓芳.揭秘华为"红蓝军"任正非誓言"反攻美国"[N].第一财经日报，2013-11-26.

"华为过去市场走的是从下往上攻的路线，除了质优价低，没有别的方法，这把西方公司搞死了，自己也苦得不得了。美国从来是从上往下攻，Google和Facebook都是站在战略高度创新，从上往下攻。

"WiFi作为和LTE竞争的技术，你不能说美国不会玩出什么花招来，我们要以招还招。不要以为我们一定有招能防住它，我们公司的战略全都公开了，防是防不住的。我们要坚持开放性，只有在开放的基础上我们才能成功。

"我特别支持无线产品线成立蓝军组织。要想升官，先到蓝军去，不把红军打败就不要升司令。红军的司令如果没有蓝军经历，也不要再提拔了。你都不知道如何打败华为，说明你已到天花板了。两军互攻最终会有一个井喷，井喷出来的东西可能就是一个机会点。

"我不管无线在蓝军上投资多少，但一定要像董事们《炮轰华为》一样，架着大炮轰，他们发表的文章是按进入我的邮箱的排序排序的。一定要把华为公司的优势去掉，去掉优势就是更优势。

"终端的数据卡很赚钱，很赚钱就留给别人一个很大的空间，别人钻进来就把我们的地盘蚕食了，因此把数据卡合理盈利就是更大的优势，因为我们会赚更多长远的钱。我们在华为内部要创造一种保护机制，一定要让蓝军有地位。

"蓝军可能胡说八道，有一些疯子，敢想敢说敢干，博弈之后要给他们一些宽容，你怎么知道他们不能走出一条路来呢？"

第四章

深淘滩，低作堰：善待客户

我们还是深淘滩、低作堰，就是我们不想赚很多的钱，但我们也不能老是亏钱。低作堰嘛，我们有薄薄的利润，多余的水留给客户与供应链。这样我就能保存生存能力，你只要活到最后你一定是最厉害，因为你每次合作的时候都要跟强手竞争，留着活下来的都是蛟龙……。

——华为创始人　任正非

李冰的治水之道——"深淘滩，低作堰"

四月的川江平原，草长莺飞，满眼葱翠，一派夏初的欣欣之象。2009年，当任正非造访赫赫有名的都江堰市时，相信他的脑海中曾无数次想象过当年建造的情景。

位于四川省成都市的都江堰，是中国古代2000多年前建造的，至今仍对成都平原发挥着防洪、灌溉、航运等重要作用，成为世界水利工程史上的奇迹。该水利工程的设计者和建造者是中国战国时期杰出的水利工程学家李冰。

李冰，原名李讳冰，魏国永泽（今山西省运城市盐湖区解州镇）人。号称陆海，战国时代著名的水利工程专家。公元前256年至前251年被秦昭王任为蜀郡（今成都一带）太守。

李冰抵达蜀郡之后，见到了广阔无边，土地肥沃的成都平原。李冰发现，这里人烟稀少，十分贫穷。可以开垦的田地并不多。

李冰为此异常困惑，于是询问百姓。当一位老者指着贯穿成都平原的岷江说道："这条河很害人，从我记事起就年年发生洪灾，庄稼颗粒无收，甚至连村庄都被淹没了。大人要是再晚来几年，恐怕村民都搬走了。"

当李冰了解当地的灾情十分严重，决心治理岷江，为当地的百姓谋福。于是，李冰先是全面考察岷江流域。多次深入高山密林，直至岷江源头。为了掌握了关于岷江的第一手材料，李冰长途跋涉，沿江漂流，直达岷江与长江的汇合处。

经过实地考察，李冰发现，岷江在发源地一带，沿江两岸都是山高谷深，其水源极为丰沛，水流也十分湍急。当岷江抵达灌县之后，由于地势较为平坦，经常冲决堤岸，甚至还将从上游挟带的大量泥沙淤积在此，这无疑就抬高了河床。

李冰还发现，在灌县城的西南面，玉垒山阻碍了岷江水的东流，每年夏秋洪水季节时，由于无处排泻，时常导致东旱西涝。

经过实地考察，李冰找到了成都平原水害频发的关键因素。于是，李冰提出了自己的解决办法。要彻底消除水患，就得在成都平原上广修渠道，其目的有二：一则可以泻洪；二则可以灌溉，发展农业生产。当然，让岷江水灌入渠中，就不得不凿开玉垒山，使得岷江水能够顺利东流。

李冰组织上万民工，开凿玉垒山。当时由于没有开山的炸药，李冰听取当地村民的建议，在岩石上开凿一些沟槽，再放柴草，然后燃烧柴草，使得岩石受热后爆裂。这样的土办法无疑加快了开凿工程的进度，还把玉垒山凿开了一个近20米宽的口子，这就是著中的"宝瓶口"工程。

然后，李冰有组织村民在岷江的江心构筑分水堰，把岷江一分为二，引导其中一条支流进入"宝瓶口"。由于堤堰的前端部分好似鱼头，于是取名为"鱼嘴"。

由于"鱼嘴"堤堰迎向岷江上游地区，把来势汹涌的岷江分成东西两部分。西边部分叫外江，是岷江的正流；东边部分叫内江，是专门用来灌溉的总干渠，其渠首就位于宝瓶口。

为了有效消除水患和灌溉，李冰亲自规划、修建许多大大小小的沟渠直接宝瓶口，从而组成了一个纵横交错的扇形水网。这是李冰设计的都江堰主体水利工程。

其后，为了进一步控制岷江水流入宝瓶口的水量，又在鱼嘴分水堰的尾部修建了用于分洪的平水槽和"飞沙堰"溢洪道。当内江水位过高时，洪水经由平水槽漫过飞沙堰后流入外江，这样既可以有效地保障灌区避免被洪水淹没，还可以利用流入外江水流的漩涡作用来冲刷沉积在宝瓶口前后的泥沙，见下页图4-1。

在修筑水堰的过程中，李冰开始通过向江心抛石筑堰，由于岷江水流太急，抛下去的石头大多被水冲走了。为了解决这个问题，由于当地盛产竹子，李冰组织竹工将竹子编成长3丈、宽2丈的大竹笼，然后装满鹅卵石，再投入岷江底。经过多次实验，李冰终于战胜了急流的岷江，最后筑成了分水大堤。

为了能够准确地测定岷江水位的高低，李冰为此专门加工了一个石头人立在岷江中，通过江水淹没石人身体的位置判断江水水位的高低，从而更加便捷地控制江水的流量。

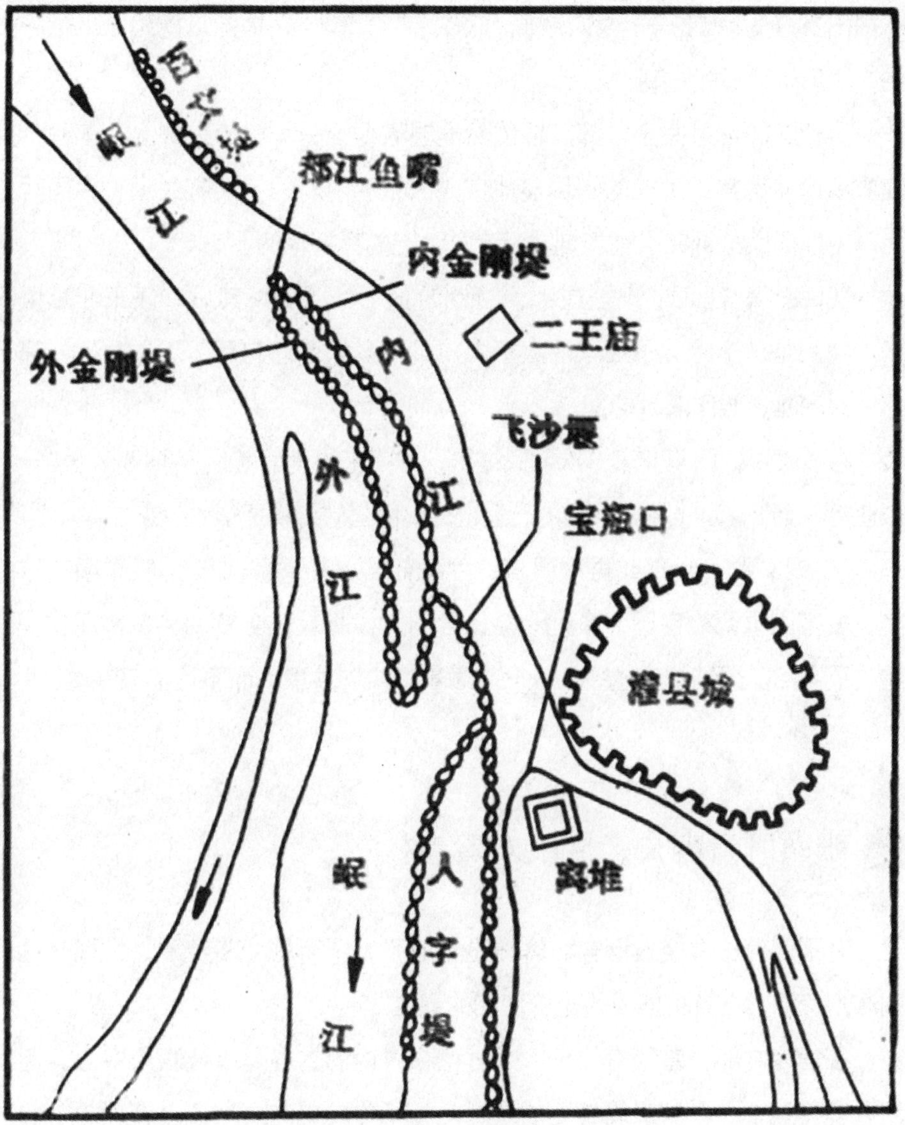

图4-1 都江堰工程布置示意图

当都江堰水利工程建成后，李冰还组织民工一年一度的岁修。为此，李冰提出岁修的原则——"深淘滩，低作堰"。其含义是指，挖泥沙尽量深一些，堰顶筑得不能过高。

尽管2000年过去了，都江堰依然能够称得上是一个伟大的水利工程，其建成不仅使得常年洪灾的四川盆地变成了驰名中外的"天府之国"，同时也为国内外提供了研究水利规划、设计、建造的标杆案例。

2009 年，任正非出差成都，特此游览了都江堰。其后，任正非感悟很多，特别是从李冰父子治水的故事中得到较多的管理启示，于是写了一篇名为《深淘滩，低作堰》的文章。

在该文中，任正非第一次明确提出："将来的竞争就是一条产业链与一条产业链的竞争。从上游到下游的产业链的整体强健，就是华为生存之本。"

在该文中，任正非再次坦言："我们要保持'深淘滩、低作堰'的态度，多把困难留给自己，多把利益让给别人。多栽花少栽刺，多些朋友，少些'敌人'。团结越来越多的人一起做事，实现共赢，而不是一家独秀。"

✹ 眼睛盯着客户，屁股对着老板

对于任何一个企业而言，客户是企业不可不得的战略资源，谁拥有优质的客户资源，谁就可能成为企业帝国的霸主。

在华为内部，曾经有过一次大讨论，讨论的内容是以技术为中心，还是"以客户为中心"。最终讨论的结果是：华为要更加高举"以客户为中心"的旗帜。

时至今日，华为能够取得在2013年销售收入达2400亿元的优异成绩，靠的就是"以客户为中心"。可以肯定地说，华为的明天，依然是"以客户为中心"，这是华为生存和发展的唯一理由，也是任何一个企业生存和发展的关键点。

当把"以客户为中心"作为华为的发展战略之后，无疑"以客户为中心"就形成了华为的四大战略内容。华为四大战略的第一条就是："为客户服务是华为存在的唯一理由；客户需求是华为发展的原动力。"

为了更好地阐释"以客户为中心"的战略，任正非更是多次在内部讲话中用"深淘滩，低作堰"来强化华为"以客户为中心"的重要性。

"深淘滩，低作堰"是中国两千多年前都江堰水利工程的修建原则，与现在华为所在行业要生存下去的法则是如此相似。李冰留下"深淘滩，低作堰"的治堰准则，是都江堰长生不衰的主要"诀窍"。其中蕴含的智慧和道理，远远超出了治水本身。[1]在任正非看来，华为公司若想长存，这些准则也是适用于华为的。

任正非是这样注解"深淘滩，低作堰"的：

"深淘滩：就是不断地挖掘内部潜力，降低运作成本，为客户提供更有价值的服务。客户决不肯为你的光鲜以及高额的福利，多付出一分钱的。我们的任何渴望，除了用努力工作获得外，别指望天上掉馅饼。公司短期的不理智的福利政策，就是饮鸩止渴。

"低作堰：就是节制自己的贪欲，自己留存的利润低一些，多一些让利给客户，以及善待上游供应商。将来的竞争就是一条产业链与一条产业链的竞争。从上游到下游的产业链的整体强健，就是华为生存之本。[2]"

---

1 中国企业家.任正非总结华为成功哲学:跳芭蕾的女孩都有一双粗腿[J]. 中国企业家，
   2014（10）.
2 中国企业家.任正非总结华为成功哲学:跳芭蕾的女孩都有一双粗腿[J]. 中国企业家，
   2014（10）.

华为顾问田涛和吴春波在其著作《下一个倒下的会不会是华为？》中是这样介绍任正非的："深圳飞往北京的航班。头等舱的最后一排，一位60多岁的乘客，捧着一本书在看着。3个小时后，飞机在首都机场降落。这位叫作任正非的乘客，起身，从行李架上取下行李，然后快步地融入川流不息的客流中，没有前呼后拥，没有迎来送往。经常的情形是，他到国内某地出差或度假，也不通知所在地的公司负责人，下飞机后，乘出租车直奔酒店或开会地点。乘出租车是他的习惯，偶尔让人看见，反成了新闻。"

经过核实，华为的高管们大抵都如此。在很多次出差中，笔者几乎都能在飞机上碰到华为的员工在出差。可能读者会问，华为为了践行"以客户为中心"的战略，是没有必要大频率出差的。而华为不这样看，华为一位副董事长说："华为这样的做法，并不代表着领导层的道德觉悟有多高，这不是我们的出发点。重要的是，它体现着华为的价值观：客户重要？还是领导重要？这才是大是大非，关系到公司的胜败存亡。"

在副董事长看来，华为只有把客户第一坚持下去，才能够赢得未来。在很多场合下，任正非更是多次发出警告说："我们上下弥漫着一种风气，崇尚领导比崇尚客户更厉害，管理团队的权力太大了，从上到下，关注领导已超过关注客户；向上级汇报的胶片如此多姿多彩，领导一出差，安排如此精细、如此费心，他们还有多少心思用在客户身上？"

为了有效地贯彻"以客户为中心"战略，任正非干脆更直截了当地下指令说道："你们要脑袋对着客户，屁股对着领导。不要为了迎接领导，像疯子一样，从上到下地忙着做胶片……不要以为领导喜欢你就升官了，这样下去我们的战斗力要削弱的。"

不仅如此，为了有效地贯彻的"以客户为中心"战略，任正非时常在内部讲话中谈及此战略，如在2010年的一次会议上，任正非进一步介绍说：

"在华为，坚决提拔那些眼睛盯着客户，屁股对着老板的员工；坚决淘汰那些眼睛盯着老板，屁股对着客户的干部。前者是公司价值的创造者，后者是谋取个人私利的奴才。各级干部要有境界，下属屁股对着你，自己可能不舒服，但必须善待他们。"

客户第一、员工第二、股东第三

任正非的做法与马云的客户思维有着惊人的相似。在阿里巴巴上市前夕，马云在美国纽约接受媒体采访时介绍了阿里巴巴"客户第一、员工第二、股东第三"的战略思想。

在企业界，特别是在引入风险投资时，如果创业者把股东放在第三位，谁愿意投资你的公司呢？尽管颇有争议，但是马云却在公开场合阐释了这样的创业经验。

研究发现，马云提出"客户第一、员工第二、股东第三"的创业经验也不是首次，在国家很多跨国公司中也有类似的说法，如美国西南航空对外宣称是"员工第一，客户第二、股东第三"。

在邻国日本，被誉为经营之圣的稻盛和夫也有过类似的排序，具体是："把为了追求员工及其家庭的幸福，作为公司第一目标。位列第二的目标是为了协作商的员工及其家庭的幸福，第三目标是为了客户，第四目标是为了社区，第五目标才是为了股东。"

正是这样的排序，稻盛和夫成功地做出两家世界500强企业。在美国投资大师沃伦·巴菲特也有过类似的排序，在《沃伦·巴菲特记事本里的37条管理定律》一书第四章中谈道："没有满意的员工，就没有满意的顾客。"

从企业本质上来说，企业成立的目的也是满足客户需求，客户是第一；一般来说股东无法为客户直接服务，而通过员工为客户提供服务，所以员工是第二；员工给客户提供了满意的服务，客户给予企业回报，股东才能获得利润，所以股东是第三。[1]

这就是马云多次在公开场合说"客户第一、员工第二、股东第三"，并且被很多人投资者接受的原因，尽管初听这个观点都很难理解并接受，但是却说明了在管理中的一个简单道理，在任何一个企业中，只有员工才是满足顾客的必要条件。

客户是阿里巴巴的利润源泉。因此，马云在多个场合下表示，阿里巴巴感谢所有客户，并提倡全体员工尽全力帮助客户。

从马云的很多演讲中就不难理解，马云时时刻刻都在强调客户对于阿里巴巴的重要，甚至马云还称"客户是阿里巴巴的拯救者"。

足以看出马云对客户的重视。不管是在互联网经济泡沫破灭的时刻，还是金融危机中，马云都依然坚持"客户第一"。比如：在2001年，此刻正是"互联网泡沫破灭"，整个互联网都笼罩在冬天之中。

在"以商会友"论坛上，面对前景的诸多不确定性，也有不少企业家担心阿里巴巴会被投资者控制，甚至有企业家忧心地问，如果阿里巴巴再不赢利，马云也会像其他网站的CEO一样被开除。

当这样的问题问马云时，马云却很自信地回答，马云说："这样的情况不会发生，阿里巴巴创下的业绩得到董事会的赞同和支持，而为这些业绩做出最大贡献的人除了阿里巴巴的员工，还有客户。"

1　新浪网.客户第一、员工第二、股东第三 [EB/OL].2014.http://blog.sina.com.cn/s/blog_4cc7c3f50100kzcn.html.

第五章

"力出一孔，利出一孔"：聚焦战略

水和空气是世界上最温柔的东西，因此人们常常赞美水性、轻风。但大家又都知道，同样是温柔的东西，火箭是空气推动的，火箭燃烧后的高速气体，通过一个叫拉法尔喷管的小孔，扩散出来的气流，产生巨大的推力，可以把人类推向宇宙。像美人一样的水，一旦在高压下从一个小孔中喷出来，就可以用于切割钢板。可见力出一孔，其威力之大。15万人的能量如果在一个单孔里去努力，大家的利益都在这个单孔里去获取。如果华为能坚持"力出一孔，利出一孔"，下一个倒下的就不会是华为。

——华为创始人　任正非

"管仲陷阱"与 "利出一孔"

某日清晨，晨光透过鳞次栉比的玻璃墙，洒在华为科技城的每一个角落里。此刻，任正非透过历史的诸多变革来思索华为的发展。在任正非看来，不管是"华夏第一相"管仲，还是商鞅，这两位改革家都共同地提出了"利出一孔"，这让任正非有些欣喜。

在此基础之上，任正非形成了自己的管理方略——"力出一孔，利出一孔"。尽管他们都强调聚焦战略，但是却各有不同。

"利出一孔"出自春秋时期的齐相管仲的《管子·国蓄第七十三》一书中，在书中说道："利出于一孔，其国无敌。出二孔者，其兵不诎，出三孔者，不可以举兵。出四孔者，其国必亡，先王知其然，故塞民之养，隘其利途；故予之在君，夺之在君，贫之在君，富之在君。故民之戴上如日月，亲君若父母。"

管仲撰写这段话的核心思想是"利出一孔"，学界称之为"管仲陷阱"。主要表达了管仲的国家治理政策，即国家采用政治经济法律手段，控制一切谋生渠道，同时垄断社会财富的分配，那么人民要想生存与发展，就必然要事事仰给于君主（国家）的恩赐，这样君主就可以随心所欲地奴役支配其治下的民众了。[1]

在其后的战国时期，秦国改革家商鞅在《商君书》亦提出"利出一孔"的思想。这个唯一的孔道，就是"农战"。除此之处的商业、娱乐等事项，尽在禁除之列。[2]《农战篇》曰："圣人之治国，作壹抟之于农而已矣"。《农战篇》曰："止浮学事淫之民壹之于农。"《农战篇》云："是以明君修政作壹，去无用，止畜学事淫之民，壹之农，然后国家可富，而民力可抟也。"其例不胜枚举。

不管是管仲，还是商鞅，提出的"利出一孔"的思想其实在阐述一个问题，那就是集中所有力量来办同一件事情，一定能取得较好的业绩。由于

1　徐惠君.利出一孔的管仲陷阱:解读中国专制历史的钥匙[EB/OL].2014.http://news.ifeng.com/history/special/shiyan/201001/0103_9078_1496614.shtml.
2　夏增民.评《商君书》的自治观[J].咸阳师范学院学报，2007（3）.

管仲推行改革，齐国出现了民足国富、社会安定的繁荣局面。不仅如此，在管仲的建议下，周天子的代表召伯又以天子的名义，向齐桓公授予侯伯的头衔。从此齐桓公便成了名副其实的霸主。

秦国的商鞅变法，按照"利出一孔"和"驱农归战"的核心思想，把秦国整个社会打造成了一个"农战"体制，全民为兵，为秦始皇统一中国奠定了坚实的基础。

在任正非看来，"利出一孔"的聚焦战略尽管已经有2000多年的历史，但是依然对华为的发展起到重要的促进作用。在2013年轮值CEO的新年献词上，任正非发言说："'聚焦战略，简化管理，提高效益'，彰示了我们新一年的目标。我们就是要聚焦在自己的优势的地方，充分发挥组织的能力，以及在主航道上释放员工的主观能动性与创造力，从而产生较大的效益。"

在任正非看来，如果华为人能坚持"力出一孔，利出一孔"，"下一个倒下的就不会是华为"；如果我们发散了"力出一孔，利出一孔"的原则，"下一个倒下的也许可能就是华为"。历史上的大企业，一旦过了拐点，进入下滑通道，很少有回头重整成功的。因此，华为肯定不甘倒下，那么华为人就要克己复礼，团结一心，努力奋斗。

聚焦是一种强大的力量

研究发现，在毛泽东同志的十大军事原则中，把"集中优势兵力打歼灭战"列为第三。在毛泽东看来，战争是一个动态的过程，只有善于利用集中兵力与分散兵力的这两种关系，才可能赢得战争的胜利。

众所周知，集中优势兵力打击敌人，可以说这是古今中外任何一场战争中克敌制胜的普遍法则。这样的军事法则也同样适用于中国的革命战争中。对于创业企业的中国工农红军来说，要想战胜国内外的、实力强大的敌人，集中兵力的重要军事意义已经非同一般。

事实证明，在实际的战争中，只有集中兵力实行战役战斗上的歼灭战，才能逐步改善战略形势，粉碎敌之战略进攻，并使自己转入战略反攻或进攻。[1]

不过，军事专家撰文指出，在战争中，集中兵力并不是绝对的。一般情况下，经常需要通过必要而主动的分遣使用兵力，为在决战的时间和地点达成集中优势兵力创造条件。该军事专家举例说："为了保证打大歼灭战，须以小部兵力牵制敌之其他部分，以便集中大部歼击一个主要目标。[2]"

作为军事企业家的任正非自然清楚集中兵力的战略意义。在华为，任正非多次强调了聚焦战略对于华为的作用。任正非为此曾说："水和空气是世界上最温柔的东西，因此人们常常赞美水性、轻风。但大家又都知道，同样是温柔的东西，火箭是空气推动的，火箭燃烧后的高速气体，通过一个叫拉法尔喷管的小孔，扩散出来的气流，产生巨大的推力，可以把人类推向宇宙。像美人一样的水，一旦在高压下从一个小孔中喷出来，就可以用于切割钢板。可见力出一孔，其威力之大。15万人的能量如果在一个单孔里去努力，大家的利益都在这个单孔里去获取。如果华为能坚持'力出一孔，利出一孔'，下一个倒下的就不会是华为。"

在任正非看来，只有集中兵力，才能保证华为能够活下来，特别是在创业初期。众所周知，华为作为一家高科技民营企业，在创建时，弱小的华为其注册资金只有区区2万元。然而，经过任正非等华为全体员工的艰苦创业，

1　战略网.毛泽东十大军事原则：集中优势兵力打歼灭战[EB/OL].2014.http://mil. chinaiiss.com/html/20124/10/a4b709_2.html.
2　战略网.毛泽东十大军事原则：集中优势兵力打歼灭战[EB/OL].2014.http://mil.chinaiiss. com/html/20124/10/a4b709_2.html.

其营业额却在连年翻番。如1993年只有4.1亿元，1997年达到50亿元，1999年突破100亿元， 2009年全球销售收入1491亿元人民币（约合218亿美元），2013年实现销售收入2390亿元人民币（约395亿美元）。

华为之所以能够取得火箭般的发展速度，是因为华为发展的核心其实就是毛泽东提出的"集中优势力量打歼灭战"转变成的华为的"压强战略"。

这样的聚焦战略在华为《基本法》中可以找到答案。华为《基本法》第23条指出："我们坚持压强战略，在成功的关键因素和选定的战略生长点上，以超过主要竞争对手的强度配置资源，要么不做，要做，就极大地集中人力、物力和财力，实现重点突破。"

当创业公司，要想与实力雄厚的巨型企业战斗，集中优势力量打歼灭战的战略优势就凸显出来。在华为创业初期，面对强大的、资金实力雄厚的竞争对手。赢弱的华为实力肯定不足。

在这样的背景下，进行全方位的追赶无疑是自寻死路，任正非决定，华为必须立足于当代计算机与集成电路的高新技术，在此基础之上进行大胆创新。为了支持创新，华为每年都投入销售额10％的资金用于科研开发，装备了大批精良的开发设备和测试仪器。不仅如此，华为还积极与国内外一些著名大学、研究开发机构和重点实验室建立了长期广泛合作与交流，与国际上知名公司和供应商建立了良好稳定的伙伴关系。[1]

正是任正非集中优势兵力来应对竞争者，华为才取得了一系列突破。如今，华为已经跻身于世界少数几家能够提供CAC08-STP数字程控交换机设备的供应商行列，在移动智能网、STP、移动关口局、GPRS等核心网络方面形成了领先的优势。[2]

1　王永德.狼性管理在华为：P3-6. 武汉:武汉大学出版社，2010.
2　王永德.狼性管理在华为：P3-6. 武汉:武汉大学出版社，2010.

对此，任正非在内部干部会上总结说："我们把代理销售取得的点滴利润几乎全部集中到研究小型交换机上，利用压强原理形成局部突破，逐渐取得技术的领先和利润空间的扩大，技术的领先带来了机会和利润，我们再将积累的利润投入到交换机的升级换代产品的研究开发中，如此周而复始，不断地改进和创新。尽管今天华为的实力大大地增强了，但仍然坚持压强原理，只在自己最擅长的领域做到业界最佳。"

力出一孔，利出一孔

在2013年的轮值CEO的新年献词中，任正非坦言——"聚焦战略，简化管理，提高效益"，彰示了我们新一年的目的。我们就是要聚焦在自己的优势的中央，充沛发扬组织的才干，以及在主航道上释放员工的客观能动性与发明力，从而发生较大的效益。

在任正非看来，战略聚焦不仅让华为有效地配置资源，而且还可以让华为持续、快速、高效地发展。因此，对于任何一家不管是跨国公司，还是刚创办的初创企业，都因为资源不够用而不得不拓展市场。在拓展市场中，资金、人才等战略资源就匮乏了。为此，"现代管理之父"彼得·德鲁克坦言："没有一家企业可以做所有的事情，即使有足够的钱，它也永远不会有足够的人才。"

在彼得·德鲁克，只有战略聚焦，才能有效地配置企业的各种战略资源。在企业管理中，企业经营者如果设定聚焦点，自然可以把有限的资源整合起来，产生一股巨大的推力。经测算，普通的产品生产者，如果其利润是15%，那么，一个专业化生产的产品，它的边际利润通常可以达到60%～

70%。专业化不仅提高了企业参与竞争的优势，把大部分竞争对手挡在门槛外，还大幅度降低了成本。[1]

这样的战略同样存在于华为。2001年5月，任正非委托在华为担任管理顾问的中国人民大学教授黄卫伟发表了一篇名为《收紧核心，放开周边，提高企业生存能力》的文章。在该文中，其主题就是华为专注于通信网络核心技术的研究与开发。在其他非核心领域，华为通过逐步开放的策略，其合作模式较为多样。

公开资料显示，从1999年年底开始到2003年的几年时间里，华为的合作单位就达到200多家。当然，华为选择的合作单位大多是通信工程公司。其构成分为两部分：第一，与华为关系比较好的当地电信部门的三产公司；第二，华为员工内部创业的公司。

华为通过与这些单位合作，华为产品的安装、调试、维护、检修等工作就可以放心地给这些合作单位。当然，华为这样做，其目的是"调整业务体系，剥离非核心业务，建立核心竞争能力"。华为正是通过这种合作，把资源从非核心的业务中抽出，使得核心业务拥有资源可配置，从而使得华为核心竞争力不断地增强。

研究发现，在华为，即使是核心技术领域，也坚持"压强原则"，放弃全面自主研发，而是局部合作的方式来提升华为的竞争能力。究其原因，在任正非看来，华为的研发不是最终目的，最终的是研发成果能够在市场上盈利。

众所周知，一旦全面自主研发，无疑会大大地延后产品的上市时间。为了解决这个问题，任正非向时任研发总裁的洪天峰下达指令："一定要将合作研发的比例从2000年只占研发总经费的3％逐步提高到20％。"任正非反复强调

---

1 王永德.狼性管理在华为：P3-6. 武汉:武汉大学出版社, 2010.

说，"华为绝不能什么都自己做，只有自给自足的农民才会自己什么都做"。

企业战略必须"聚焦聚焦再聚焦"

华为的战略聚焦，使得其更加专注于通信行业，从而形成一股强大的推动力量，让华为如火箭般高速增长。在《华为基本法》第一条规定："为了使华为成为世界一流的设备供应商，我们将永不进入信息服务业。通过无依赖的市场压力传递，使内部机制永远处于激活状态。"

对这一条所包含的内容，业界一直是众说纷纭。对此，部分《华为基本法》的编撰者，甚至包含很多的华为传记，同样也没能言中要津，甚至很多财经作者的结论其实大谬不然。

清华大学长三角研究院中国企业家思想研究中心主任王育琨在"1000亿华为和任正非的六个支点"一文中分析说："许多公司垮下去，不是因为机会少，而是引为机会太多、选择太多。太多伪装成机会的陷阱，使许多公司步入误区而不能自拔。机会，就是炙手可热的战略资源。但是，并不是所有的战略资源都可以开发成战略产业。有些战略资源能够形成战略产业，有些战略资源则只能为资本运作和战略结盟提供题材和想象空间，却不适于作为一种战略产业来经营。只有那些特别冷静的战略制定者，才不会被冲动和狂热牵着走，才会避开那些伪装成机会的陷阱。中国企业的战略资源本来就不多，战略失误将流失最宝贵的战略资源。任正非有着足够的自知。他深知如何区分伪装成机会的陷阱和装扮成陷阱的机会。[1]"

1　王育琨.1000亿华为和任正非的六个支点[EB/OL].2014.http://my.icxo.com/266600/viewspace-80835.html.

对于任何一个创业者而言，企业就犹如一个充满激烈竞争的原始丛林，而初创企业就像羚羊、野狼般弱小，面对狮子、老虎般强壮的大企业，要想谋求其生存空间，答案就是"适者生存"。在"适者生存"的策略中，专注成为初创企业得以生存和发展的一个重要推动力。

事实证明，对于任何一个创业者而言，要想把初创企业顺利地做强做大，创业者在项目投资时，就必须充分地保持自己理性的投资意识，在似乎是机会的诱惑中能够摒弃自己的诸多贪念，做到在项目投资时绝对不可以盲目冒进。

在面对新的机遇时，特别是在认准了某个潜力巨大的项目后，创业者必须冷静面对，客观地评估其风险。因此，作为创业者，一定要经得起外部诸多机会的诱惑，绝对不能见到什么项目好就投资什么项目。

针对这个困扰创业者的问题，史玉柱用了7个字来概括——"聚焦聚焦再聚焦"。众所周知，史玉柱因为盲目多元化而失败了。在20世纪90年代，在这个到处都充满机会的华夏大地上，史玉柱也在这改革开放的春风中不仅捕捉到诸多商业机会，而且此刻的巨人汉卡也是一路畅通无阻，销售记录屡屡刷新。

春风得意的史玉柱在充满陷进的机会里忘记了风险。而巨人大跃进式的发展更加使得史玉柱认为"人有多大胆地有多大产"。

而此刻的史玉柱已经头脑开始发热，巨人多元化就开始跑马圈地了。在这场隆隆烈烈的多元化大跃进中，史玉柱开始染指服装、保健品、地产等10多个行业。

然而，史玉柱没有想到的是，曾经高调所建的巨人大厦竟然成为了巨人多元化失败的导火索。

为了修建巨人大厦，巨人集团不得不从其他业务中截流资金来填补这个超出预算的项目。毕竟巨人大厦需要太多的现金流，结果使得巨人集团现金流断裂，巨人集团就被巨人大厦给拖垮了，负债2亿多元。

而失败后的史玉柱，不得不总结自己的此次失败。据说失败后的史玉柱还曾找到三株创始人吴炳新寻找其失败根源。

史玉柱评价在多元化失败之后变得很胆小，他为自己定下了三条铁律，其中一条就是绝不盲目冒进，草率进行多元化经营。史玉柱以自己失败与成功的双重经验，给其他企业家做出了榜样。史玉柱的绝不冒进，草率进行多元化经营的铁律，和"聚焦聚焦再聚焦"的7字秘诀，也是其他企业家需要学习的地方。[1]

🦋 继续聚焦管道不做内容

2013年，华为的销售收入超过爱立信时，媒体也业界非常关注华为未来的发展战略。时任华为轮值CEO的徐直军接受采访时表示，华为是一个"能力有限"的公司，华为未来做什么，不做什么，经过几年的思考，现在已经清晰，即继续聚焦"管道"战略。

徐直军在华为一年一度的全球分析师大会表示，华为未来聚焦"管道"，即聚焦所有人与人、人与物、物与物之间的连接，而不会涉及信息或内容，华为未来业务会围绕"管道"战略展开。

这其实是任正非聚焦战略的具体细节。在2013年的轮值CEO的新年献词中，任正非在献词中告诫华为人说：

---

1 佚名.2012.我们从史玉柱身上学到什么？.腾讯网.http://news.qq.com/a/20071122/001822.htm

"我们的'聚焦战略',就是要提高在某一方面的世界竞争力,也从而证明不需求什么背景,也可以进出生界强手之列。同时,我们还坚持'利出一孔'的准绳。EMT宣言,就是标明我们从最高层到一切的主干层的全部支出,只能来源于华为的工资、奖励、分红及其他,不允许有其他额外的支出。从组织上、制度上,堵住了从最高层到执行层的团体谋私利,经过关联买卖的孔,掏空团体利益的行为。

"20多年来我们基本是'利出一孔'的,构成了15万员工的勾搭妥协。我们知道管理上还有许多缺陷,我们正在努力改良之,置信我们的人力资源政策,会在'利出一孔'中,越做越迷信,员工越做干劲越大。我们没有什么不可打败的。

"假设我们能坚持'力出一孔,利出一孔','下一个倒下的就不会是华为';假设我们发散了'力出一孔,利出一孔'的准绳,'下一个倒下的也许就是华为'。历史上的大企业,一旦过了拐点,进入下滑通道,很少有回头重整成功的。我们不甘倒下,那么我们就要克己复礼,勾搭一心,努力妥协。"

王育琨撰文指出,"华为固守通讯设备供应这个战略产业,除了一种维持公司运营高压强的需要,还为结成更多战略同盟打下了基础。商业竞争有时很奇怪,为了排除潜在的竞争者,花多大血本都不在乎。在通讯运营这个垄断性行业,你可以在一个区域获得一小部分的收益,可是在更多区域运营商们会关闭你切入的通道。任正非洞悉人性的弱点,守护着华为长远的战略利益。"

对于外界不理解任正非的聚焦战略,曾经自我解嘲说:"无知使他跌进了通讯设备这个天然的全球力量竞争最激烈的角力场,竞争对手是拥有数百亿美元资产的世界著名公司。这个角力场的生存法则很简单:你必须专注于战略产业。"

在任正非看来，只有坚守战略产业，才能为华为的发展提供一个持续、快速的通道。在这样的背景下，华为自然地弥漫着一种特别强的压力场，以至于一些意志薄弱一点的员工选择了离开甚至选择极端的方式了结生命。敏感的媒体会利用一切机会对大公司华为冷嘲热讽。[1]尽管华为遭遇诸多非议，任正非却不为所动。

任正非坚信，"没有了市场压力，就没有了华为。"在很多时候，任正非寄望通过市场压力的传递，使内部机制永远处于激活状态，永远保持灵敏和活跃。[2]

对此，王育琨撰文评价说："商业是人性的游戏。戏子可以哗众取宠于一时，但却终究战胜不了骨子里的平庸。没有真正洞悉人性本质的商人，不可能驾驭人性成为旗帜。旗帜必定是孤独的，不孤独不足以成就旗帜。任正非的不为人理解，正说明他攀登上了一个高度。只站在自己熟悉的地方远眺，无论如何体验不到那个高度的价值。无怪乎学冠中西的学者与年轻敏锐的记者，都触摸不到任正非内心深处。"

当然，触摸不到任正非内心深处，关键还是不理解任正非"力出一孔，利出一孔"的战略内涵。事实证明，无论华为是涉足消费，还是企业市场，其实都是沿着信息管道进行整合和发展而已。在这个过程中，任正非将"利出一孔"更多地引导到华为的战略上，取得了令人满意的业绩。

2013年1月，低调的华为如往年一样，向外界高调地披露了2012年的经营业绩，华为2012年全球销售收入达到2202亿人民币，同比增长8%，净利润154亿人民币，同比增长33%。

---

1 王育琨.1000亿华为和任正非的六个支点[EB/OL].2014.http://my.icxo.com/266600/viewspace-80835.html.

2 王育琨.1000亿华为和任正非的六个支点[EB/OL].2014.http://my.icxo.com/266600/viewspace-80835.html.

在金融危机后时代，华为拿出了一张漂亮的报表，与同城的另一通讯巨擘中兴通讯相比，华为的业绩可谓亮丽，中兴的业绩预告显示，2012年收入负增长，并出现了巨额亏损。华为将自己的成功归结为两点："力出一孔"和"利出一孔"。[1]

所谓"力出一孔"即业务聚焦，华为坚持聚焦管道战略，业务聚焦很重要，但中兴通讯与华为的业务并没有实质区别，在市场低迷时，两家公司出现的巨大业绩反差产生的真正原因，可能还是要归结到公司文化、人才激励、领导人等更基本的因素上。从这个意义上，华为的"利出一孔"更值得探究。[2]

1　企业家日报.华为的管理之道：力出一孔 利出一孔.企业家日报：A3版，2013-07-06.
2　企业家日报.华为的管理之道：力出一孔 利出一孔.企业家日报：A3版，2013-07-06.

第六章

"功夫在诗外"：百本管理图书治理不了中国企业

我认为《蓝海战略》没有什么新意，实际上也就是我们的差异化，创新，差异化，也就是消费者的需求，就是这些的道理。其实我认为蓝海是不存在的。

——娃哈哈创始人　宗庆后

一杯咖啡撞击世界思想

在中国企业界，很多企业家都热衷于读管理类图书，而且是"洋"管理类图书。在这些企业家看来，"洋"管理类图书代表的是当今世界上最先进的管理思想。

殊不知，这样的观念是不全面的。在任正非看来，管理功夫在诗外。在中国大陆地区，谈起典故"功夫在诗外"可谓是家喻户晓。

这则典故来源于，宋代诗人陆游在晚年传授儿子写诗经验时写的一首名叫《示子遹》诗中的一句——"汝果欲学诗，功夫在诗外"。陆游写作此诗的目的是向儿子传授诗歌创作的终极秘诀。

《示子遹》全诗如下：

示子遹

> 我初学诗日，但欲工藻绘；
>
> 中年始少悟，渐若窥宏大。
>
> 怪奇亦间出，如石漱湍濑。
>
> 数仞李杜墙，常恨欠领会。
>
> 元白才倚门，温李真自郐。
>
> 正令笔扛鼎，亦未造三昧。
>
> 诗为六艺一，岂用资狡狯？
>
> 汝果欲学诗，工夫在诗外。

写作该诗的背景是，公元1208年（南宋嘉定元年），时年84岁的陆游在山阴（即今之绍兴），自知时日不多，告诫儿子诗歌创作的经验，有研究者甚至将这首《示子遹》誉为陆游的一份文学遗嘱。其中引起争论的就是最后一句——"汝果欲学诗，工夫在诗外"。

一种观点认为，陆游在诗中阐释：一个诗人所创作的作品，其好坏高下，与其经历、阅历、见解、识悟等多个因素所决定的。当然，陆游所说的"诗外功夫"，不仅仅是其才智、学养、操守、精神等，同样也是诗人要想写出好诗的"功夫"。但陆游强调作家对于客观世界的认知能力，主张从作家身体力行的实践，从格物致至的探索，从血肉交融的感应，从砥砺磨淬的历练，获得诗外的真功夫。陆放翁这个"诗外"说，倒百分百地意在诗内。

唯其诗外功夫扎实而又充分，所以，他的诗词，在文学史上得以不朽。[1]

另一种观点认为，"诗外功夫"是功利性十足的商业营销策略，与陆游所言可以说是风马牛不相及的，与文学毫不搭界。究其原因，是在当下物质横流的社会里，作为饮食男女的作家们，习惯性地炒作"功夫在诗外"。

不过，我还是倾向于第一种观点。的确，对于一个积数十年的经验写诗者，陆游不仅深深地体会到，写好一首诗，光熟读古人的诗句，光讲究诗的形式和技法，是远远不够的，而应把功夫下在掌握渊博的知识，参加社会实践上，深入生活，在阅历上下功夫，才是取得创作成功的根本保证。[2]

其实，陆游的告诫同样适用于企业管理中，一个经营者提升自己的管理水平，与自己熟读一些管理类书籍，掌握各类管理技巧固然重要，但是要想达到一个较高的境界，仅仅熟读几本管理类书籍，掌握各类管理技巧是远远不够的。

根据一个对比调查数据显示，中国大陆地区的企业经营者读得最多的是管理类书籍，而国外管理者则爱读历史、哲学等人文类书籍，我们常常会感叹于那些洋经理们超一流的职业化水平，及其在经营管理上驾轻就熟、游刃有余，恐怕这与他们"诗外"的功夫是分不开的。

任正非也是如此[3]。据公开资料显示，任正非从来不看纯管理类的书籍，却对历史、哲学等人文类的书籍情有独钟，如《胡耀邦与平反冤假错案》、《不眠的硅谷》，特别是一些军事题材的电影和电视剧，如《南征北战》、《莫斯科保卫战》、《身份的证明》、《大秦帝国》、《汉武大帝》、《亮

---

1 李国文.功夫在诗外[N]. 中华读书报，2006-05-10.
2 中国企业家.任正非总结华为成功哲学:跳芭蕾的女孩都有一双粗腿[J]. 中国企业家，2014（10）.
3 中国企业家.任正非总结华为成功哲学:跳芭蕾的女孩都有一双粗腿[J]. 中国企业家，2014（10）.

剑》等。

2012年11月，华为常务董事会的民主生活会如期召开，在会上，有人提议对任正非进行评价并投票，见表6-1：

表6-1 投票评价任正非

序列号	问题	投票情况
1	老板（任正非）懂技术吗？	7人投否定票
2	老板懂市场吗？	7人投否定票
3	老板懂管理吗？	1人投否定票

在这次投票中，投"老板懂管理"否定票的是时任华为副董事长徐直军。徐直军敢于直言老板任正非的问题，即剥去了"老板的华丽外衣"，还原了真实的、有所为有所不为的、带有强烈任氏风格的任正非对技术、市场乃至于企业管理并非都懂，只能算是"半瓶子醋"[1]的任正非。

尽管这次投票客观地评价了任正非，但是任正非的确是一位伟大的中国企业管理思想家。正如任正非自己评价那样："我 20 多年主要是务虚，务虚占七成，务实占三成。"

在任正非的管理中，任正非将自己的角色定位于：学习、思考、交流、传播。任正非解释说："资源是会枯竭的，唯有文化生生不息。"

尽管任正非已过古稀之年，其思想始终处于高度开放的新鲜状态。究其原因，任正非最大的爱好就是阅读和交流。据公开资料显示，任正非读书甚广，从政治、经济、社会，到人文、文艺等各方面，中外历史方面的书读得最多，而最少的则是小说和经营管理方面的书刊。[2]

---

1 中国企业家网. 任正非：华为为什么不上市？[EB/OL].2014.http://www.iceo.com.cn/renwu/35/2012/1129/260809.shtml.

2 中国企业家网. 任正非：华为为什么不上市？[EB/OL].2014.http://www.iceo.com.cn/renwu/35/2012/1129/260809.shtml.

在创办华为20多年中，任正非走遍了全球绝大多数国家，从最落后到最发达；与全球数百位政治人物、商业巨子、学者、竞争对手、科学家乃至于艺术家、寺院中的僧侣等各色人物有过无数沟通、观点交流的任正非，无疑有着更广阔的视野。任正非大概是中国企业家中与全球各界人士交流最多、交流层次最高的第一人，这使得他成为中国最卓越的企业思想家之一。[1]

在华为内部讲话中，任正非时常鼓励和要求华为高层："要敢于一杯咖啡，与世界上的大人物撞击思想。地球村就是一个开放式大学，处处有学问。"

可能读者会问，为什么是"咖啡"（这是一个形象的说法，是指会议中间休息时，端杯咖啡到处乱晃，不知道你会碰到什么人，交流几句），而不是茶？"茶"更具东方韵味，"咖啡"则是世界文化。[2]

"洋"管理类书籍的精神鸦片

与任正非倡导的功夫在诗外有着天壤之别的当下，浮躁的情绪浸淫着一些企业家的内心。"洋"管理类书籍如同精神鸦片一样毒害着成千上万的企业家。

在撰写《日本百年企业的长赢基因》时，我惊人地发现，在很多上百年的日本企业中，你都能看到中国旧时的商帮文化。然而，中国商业管理思想相对来说还是比较先进的，只不过，由于中国在1848年鸦片战争中被西方帝国主义打败，使得中国传统的商帮文化被破坏。一些企业管理者就开始过分

---

1 田涛，吴春波.下一个倒下的会不会是华为：P58[M].北京：中信出版社，2012.
2 中国企业家网.任正非：华为为什么不上市？[EB/OL].2014.http://www.iceo.com.cn/renwu/35/2012/1129/260809.shtml.

迷恋西方的管理思想。

当然，这部分企业管理者迷恋西方管理思想，其深层次的原因是，自从1840年鸦片战争的炮火轰开了中国的国家大门，西方的科技神话和管理神话就开始入侵着中国商人的经商文化。

在一海之隔的日本，尽管遭遇"黑船事件"，却在明治维新中依然继承和发扬了中国的商帮文化，旧时的财阀影响着日本近现代政府的某些决策。可以说，今天的很多日本百年企业仍然在重视着中国的商帮文化。

不可否认的是，正是这些中国商帮文化，从而使得日本的百年老店达到惊人的2万多家。来自日本调查公司东京商工研究机构数据也显示，在日本，竟然有21666家企业已经超过百年历史。然而，在20世纪70年代，特别是1975年后才建立的公司，仅仅只有620家。

对此，日本大藏省前副财务官船桥晴雄就曾撰文指出："自1840年的鸦片战争以来，欧美，特别是美国的资本主义成为主导世界的潮流。它崇拜绝对化的个人自由与尊严，追求无止境的社会进步与发展，政治上实行民主主义，经济上最大限度地发挥市场机能。这种只追求利润的资本主义经济逐渐蔓延到整个世界，导致了地球环境的恶化，地域社会的崩溃，激化了恐怖主义，给社会带来严重的不安。2008年雷曼公司破产引发的全球金融危机，足以使我们认识到资本主义社会的极限。它无疑表明，欧美的资本主义已走到了尽头。那么，资本主义之后又会是一个什么样的社会呢？也许比起绝对化的个人自由来说，更强调先有集体才有个人，重视集体主义；也许比起固执于某一方的绝对正确性来说，更类似于中国古代'阴阳'思想的二元论思想；也许比起无止境的社会进步与发展来，更重视安定、协调、幸福；等等。[1]"

---

1 【日】船桥晴雄.日本长寿企业的经营秘籍：序言：致中国读者朋友P2[M].北京：清华大学出版社，2011.

船桥晴雄的观点给中国企业，特别是中国家族企业指明了一个方向，那就是中国传统的管理理论才是支撑着世界家族企业发展壮大的核心因素，尽管沃尔玛没有直接采用中国古代的管理理论，但是沃尔玛却实践了中国古代开分号的连锁管理理论。

管理功夫的确在诗外

研究发现，中国企业家热衷，特别迷信"外版"经管书，其原因在于两个方面：

第一，中国本土管理文化的不自信。前一节已经讲过，在这里就不再累述。第二，中国"本土"优质经管书体系化的缺失。时任商务印书馆总经理助理、编审李平对于本土经管书的认识也非常理性："本土图书不成体系，水准不高，大多数讲的是最基本的管理知识。比如，《细节决定成败》、《水煮三国》等书，不用很费力就能读懂，因为它们讲的都是人们身边发生的事情。所以，本土经管书还停留在操作层面上，理念相对简单。[1]"

观察发现，在很多引进版的经管书中，善于炒作某种概念，如《蓝海战略》、《长尾战略》等，这些新概念很多往往是新瓶装老酒，可以从一个很深的层次上去讲解如何去另外开拓一个独特的市场。上海天翼图书有限公司总经理李月庆在接受媒体采访时表示："中国的经理人没有办法透彻地了解这一点，那是因为70%～80%的经理人没有读过迈克尔·波特的《竞争战略》，它里面谈到战略管理的创新就是差异化和低成本，所以《蓝海战略》

---

1 李颖.为什么中国迷信"外版"经管书："本土"经管书体系化缺失[J].新营销，2007（8）.

一进来就显得有些突兀了。"

在很多引进经管书中，管理思想同样倾向于思想和理念层面，如《从优秀到卓越》、《基业常青》、《蓝海战略》等。李平在接受媒体采访时坦言："中国的经理人一方面需要实践的东西，更多的是需要思想层面的东西。这方面不能不承认'本土'与'引进'的差距是非常明显的。"

不可否认的是，引进版的经管书籍能给中国企业家带来一种新的概念，但是对于中国企业家来说，本土的管理经验往往更具参考价值，特别是一些失败的管理案例，比如《大败局》、《命门：中国家族企业死亡真相调查（升级版）》等。对此，蓝狮子财经创意中心出版人吴晓波在接受采访时说道："本土原创财经图书，总结的是国内公司的成长经验，它的发展方向是要总结出中国公司的管理思想。而引进版图书就是引进国外公司的经验，这里面可能存在水土不服的问题。"

尽管中国企业家对的外国经管书评价如潮，但是过于盲目无疑只会是事半功倍。在2000多年前，孟子曾经告诫弟子说："尽信书，则不若无书。"

在孟子看来，书中的内容必须要客观地看待，对外国外的管理书籍也是如此。对此，学者张永恒撰文指出，中国的市场经济历史还很短，自身的管理理论体系还不完善，因此通过读书向西方学习一些先进的管理理论和方法，本也无可厚非。问题是，如果不加思考地搞"拿来主义"，照单全收，以为在西方有用的商业秘技在中国也都能立竿见影，那就大错特错了。[1]

在张永恒看来，管理本身是一门实践的科学，更是一种实践的艺术。在具体的企业管理活动中，操作性、流程性的西方管理技术是完全可以借鉴并使用的，这有利于提高中国企业管理的科学性。[2]

---

1 张永恒.不必迷信"洋"管理类书籍[J].新营销，2004（6）.
2 张永恒.不必迷信"洋"管理类书籍[J].新营销，2004（6）.

事实上，由于管理具有地域性，一旦照搬照抄，必然会有"淮南为橘，淮北为枳"的事情发生。不仅如此，尽管很多国外的管理书概念总结很好，并不一定所有的西方管理理念和理论都能对中国企业管理有同样的功效，甚至有些还事与愿违。

这就要求中国企业家必须尊重自成体系的本土文化管理模式。在很多企业管理中，时常出现的问题表象下，其实质都有着深刻的文化根源。

要想有效解决这些问题，企业经营者必须在深刻了解中国文化根源的基础上，采用"具有中国特色"的解决办法。可能企业经营者觉得这些管理办法很"土"，甚至也很难上升为某种管理模型，但是这些管理办法非常有用。比如娃哈哈创始人宗庆后的家文化管理，通常比娃哈哈接班人宗馥莉的制度管理更有效。一旦企业经营者不了解在中国文化，可能会事倍功半。

学者张永恒曾举例说，在最能体现中国"和"文化的中国国有企业，如果你要对人员进行优化组合，提高企业的效率和竞争力，最有用的办法是"全员下岗，全员竞聘"，而不是经过绩效考核后直接让某些人出局。"全员下岗，全员竞聘"的"管理技术"，你在任何一本西方的商业图书中是找不到的，它也无法上升为一种管理模型，但它却在我们的实践中屡试不爽。[1]

张永恒告诫企业经营者："尽信书，不如无书。真正在中国把企业做得很成功的人士，没有人是完全按照MBA课堂里的理论来管理企业的。"

张永恒举例说，联想柳传志对杨元庆、郭为的人事安排所采取的"分槽喂马"方式，我们看不到是来自哪个外国的管理理论，但至少到现在为止，这种分拆而治是值得称道的。柳既将杨、郭培养成"对手"，使他们带领各自的集团在较量中大步前进，又避免了杨、郭之中任何一个人因为落寞而出

1　张永恒.不必迷信"洋"管理类书籍[J].新营销，2004（6）.

走联想，成为联想事业的敌人。这种显然"中庸"的管理策略，保证了柳和联想永远是最大的赢家。[1]

不必迷信"洋"管理类书籍

在给企业做内训的过程中，我发现很多企业老板都在自己办公室里购置了上百本的管理类图书。客观地讲，企业老板研究国内外成功的管理经验是非常可取的，但是，遗憾的是，一些企业老板只不过是为了赶时髦，装装门面而已。

在A企业，其老板邀请我去做内训，我发现A企业老板盲目地用无效激励手段激励员工，从而使得员工们怨声载道。

A企业老板无奈地问我说："周老师，我为了激励员工，我可是花了不少钱来购买图书，研究了一些激励方法，觉得不错。在激励员工时，现在的所有员工都在反对我实施的激励措施，您说我冤不冤。早知这样，我还不如不激励他们。"

其实，A企业老板的抱怨有一些道理。不过，问题还是出在A企业老板身上。研究发现，由于很多中小企业的发展规模过快，往往导致企业管理跟不上，这就制约了中小企业做强做大。当然，在所有管理问题中，员工激励问题往往最为严重，不仅让企业老板感到棘手，同时这个问题还关系到企业发展、壮大，甚至关系到企业的生死存亡。

从上述这个案例中不难看出，迷信"洋"管理类书籍是当下中国企业家

---

1 张永恒.不必迷信"洋"管理类书籍[J].新营销，2004（6）.

的一大弊病，不过，也有企业家例外。

2006年6月，宗庆后在蓝海战略高峰论坛上的演讲时告诫企业家说："有几个人说创造出以前没有的东西，但是对大部分企业来讲，你能不能用它？我感觉是没有用的，我仔细看的话更不认同了，幸亏我没有仔细看它的书，解释一下更不行了。"

陈伟鸿为此询问宗庆后："请你再次重申一下，不可以使用蓝海战略的主要原因是什么？"

宗庆后的理由是："我认为它是莫名其妙的凭空捏造出来的东西，我来之前也翻了一番它的书，这个《蓝海战略》花几年工夫，要花几年工夫死都死掉了，还搞什么蓝海战略？我觉得复杂的事情简单化，而不是简单的事情复杂化，我先搞差异化，我搞营养快线，我今年（2006年）上半年增长30%几呢，如果搞蓝海战略还是停滞不前的。"

陈伟鸿继续追问宗庆后说：你刚才讲到一个词"差异化"，差异化跟蓝海战略是又穿一个新衣服还是以前一样的，娃哈哈推出营养快线，对于你觉得是不是认为找到一个新的蓝海？

宗庆后解释说："我不认可这个蓝海战略，我也看不到蓝海。我们的专家，管理方法的理论是发现总结出来的，我们很多的专家是凭空想象出来一种方法，搞得一些企业家是云里雾里的，根本不知道所以然。其实给企业不起到什么实质性作用，我认为《蓝海战略》没有什么新意，实际上也就是我们的差异化。创新，差异化，也就是消费者的需求，就是这些的道理。其实我认为蓝海是不存在的。"

在宗庆后看来，完全的蓝海是不存在的。宗庆后说："我们看到有了这个新产品，人家马上就跟进了，你说我刚开发出新产品的时候你说这是蓝海，但是马上又变成红了。"

不过，陈伟鸿我不认同宗庆后" W.钱·金先生观点是凭空想象出来的"观点。宗庆后解释说："我的观点还没有说完。要避开竞争这根本是不可能，市场上肯定是要竞争的，对不对？你怎么可能避开竞争，我今天搞一个产品来竞争的，我避开竞争再去搞，你不是找死吗？"

在娃哈哈，非常可乐成功地从百事可乐和可口可乐夹缝中生存和发展壮大，这样的案例来解释蓝海战略的确不科学，因为可乐已经有上百年。正如宗庆后反问陈伟鸿的那样："可口可乐搞了上百年了，你说是蓝海还是红海？"

可以说，正是宗庆后、任正非的质疑，才有娃哈哈和华为这样的伟大企业。然而，一些企业经营者盲目地迷信国外的管理书籍，结果问题重重。不信，我们从一个真实的案例谈起。

宏声公司是广东省中山市一家大型民营校办企业。该公司的主要业务就是生产一种为其他电器配套的机电部件。

在20世纪90年代初期，由于校办企业的经营权和所有权常常发生矛盾，在1994年到1997年这4年时间内，宏声公司的市场占有率却停滞不前。

1998年初，宏声公司实施了企业改制，而曾经的校办企业却变成了一家民营企业。此后，宏声公司凭借技术实力和灵活的机制，取得了良好的效益——该公司的产品却占据着中山市较大的市场份额。宏声公司的产品不仅为多家大型电器公司配套，而且还有相当数量的出口，一时成了中山市的纳税大户。

当然，市场规模和份额的不断增加，而宏声公司的管理却没有跟上。宏声公司内部管理上出现一系列问题也就在情理之中。

在宏声公司，员工的工作条件和薪酬都优于其他企业，但宏声公司的管理人员、核心技术人员，乃至熟练工人都在被竞争者挖角。而宏声公司留下的在岗员工也大都缺乏工作责任心。宏声公司生产的产品不合格率大幅度攀升，这就严重地影响了宏声公司的发展乃至生存。

可能读者会问，为什么会出现这样的问题呢？我们从下面这个具体事例就能窥见宏声公司的人力资源管理和员工激励方面存在的问题：

宏声公司在改制时，仍然保留了员工原国家事业单位编制，这就使宏声公司的员工有了三种不同身份，即工人、在编职工和特聘员工。

对于这三种身份，宏声公司总经理马忠说这样解释的——工人是通过人才市场招聘的外来务工人员；宏声公司的在编职工主要是技术骨干和管理人员，他们中一部分是改制前的职工，一部分是改制后聘用的，与工人的区别是与宏声公司正式签订过劳动合同；而特聘员工则是宏声公司向社会聘用的高级人才，有专职的，也有兼职的。

1998年6月，宏声公司取得了阶段性成果，在给员工们发放奖金时，由于工人和在编职工的奖金是公开发放的，所以没有什么争议。

然而争议还是出现了，总经理马忠本打算更好地激发特聘员工的工作积极性，于是就暗中发放红包，其奖金的数额却是在编职工的2~3倍。

马忠的做法却大大挫伤了所有员工，特别是特聘员工的工作积极性。对于工人和在编职工而言，他们感到宏声公司没有把他们当作"自己人"，特聘员工的红包不公开，至少比他们拿得多得多。而更多的特聘员工则误认为在编职工肯定暗中也得到了红包，所得数额一定比特聘员工更多，自己的辛苦付出没有得到公司的认可。宏声公司多花的钱不但没有换来员工的凝聚力，反而买来了离心力。

事实证明，企业激励机制的不完善，从而就导致了企业人才流失非常严重。反观上述案例，宏声公司在编制上就人为地分为三类，再加上采取了暗地里给特聘员工发红包，这就激化了公司所有员工与公司的矛盾，其直接后果是组织效率下降和人员的流失，从而制约了企业的长期稳定与发展。

第七章

"富二代"创业：盲目铺摊子要不得

　　我并不指望企业业务迅猛地发展，你们提口号要超谁超谁，我不感兴趣。我觉得谁也不需要超，就是要超过自己的肚皮，一定要吃饱，你现在肚皮都没有吃饱，你怎么超越别人。我认为企业业务不需要追求立刻做大做强，还是要做扎实，赚到钱，谁活到最后，谁活得最好。华为在这个世界上并不是什么了不起的公司，其实就是我们坚持活下来，别人死了，我们就强大了。所以现在我还是认为不要盲目做大，盲目铺开，要聚焦在少量有价值的客户，少量有竞争力的产品上，在这几个点上形成突破。

　　　　　　　　　　　　　　　　　　　　——华为创始人　任正非

"富二代"思想有碍企业正常发展

　　2014年11月，南国深圳，淅淅沥沥的雨滴拍打着窗外的草坪。此情此景让任正非多了一丝忧虑。因为年过古稀的任正非不得不考虑接班人的问题，在很多场合下，任正非都表示，自己的子女不会接掌华为。

谁来接管华为，谁能引领华为，就成为任正非不得不面对的问题。因为任正非知道，此刻的华为接管人，就如同一个"富二代"，让其创业无疑会增加华为倒下的风险，特别是最近在微信圈中流传一篇名为《如何搞垮一家资产上百亿的企业》的文章，更让任正非忐忑不安。

该文的大概意思是，山西前首富李海仓之子李兆会因为热衷于资本经营而忽视实业把海鑫钢铁搞垮了。

李兆会掌舵海鑫钢铁是在2003年。原因是2003年1月22日，原全国工商联副主席、山西省工商联副会长、运城市人大副主任、运城市工商联会长、山西海鑫钢铁集团董事长、民营钢铁大王李海仓被刺杀于他的办公室。

当李兆会的父亲意外身亡后，当时只有22岁的毫无经验的接班人李兆会不得不中断了在澳大利亚的学习，回到山西海鑫钢铁集团，不得不接替父亲李海仓苦心经营的海鑫钢铁。

在这样的情况下，稚嫩的李兆会就这样出任了山西海鑫集团董事长。就这样李兆会一夜间成为掌管一个市值拥有40亿元资产的企业集团的掌门人。尔后，接班后的李兆会逐步"清洗"了父亲李海仓留下的残余部将，开始向资本市场靠拢。

可以说，接管海鑫钢铁的李兆会，是一个名副其实的"富二代"创业者，尽管在家族纷争中，始终有家族成员鼎力支持，但是由于追求大目标、大格局、大境界，在投资上热衷于资本经营，对钢铁行业则认为其是"小农意识，没有远大追求"、羞于启齿。

李兆会在接班后，轻视父辈的实业有其深层次的因素，宁波家业长青接班人学院的名誉教授、知名经济学家高连奎在接受媒体采访时表示，"在中国的民营企业创业者后代中，有五成人其实是不适合接班的。主要原因有二：一是创业者后代的成长环境与父辈有很大的差别，他们更倾向于从事新兴的职业；二是因与父辈之间存在明显的文化差异，担心二者在企业之后的经营管理过程中频繁出现分歧，影响家族感情。"

在高连奎看来，李兆会属于第一种，因此，李兆会热衷于资本经营与其在澳大利亚的求学有关。其实，不管是在历史政权中，还是如今的企业接班中，"富二代"不得不面临再次创业。因为企业要发展下去，在投资和经营上，必须要慎重，而且要科学合理。在任正非看来，这正是其忧虑的事情。于是在内部讲话中告诫华为人，切记不要"富二代"创业。

"富二代现象"产生的根源

在华为，任正非通常把华为全体成员产生的效率低下、好高骛远的现象戏称为"富二代现象"，该现象的主要表现为如下：许多业务主管没有精打细算的经营意识，动不动上来就是追求业界大目标、大格局、大境界。在投入上往往讲究大手笔，如果短期内要实现盈利则被认为"小农意识，没有远大追求"、羞于启齿，"散个步都恨不得铺铁轨"。[1]

在任正非看来，这种"富二代现象"产生的根源主要有以下两个原因：

第一，公司确实底子厚了，资源丰富了，一些人对于小生意看不上了；

第二，现有的分配和激励机制，使得主管对人均效率提升没有任何动力。

基于上述两种原因，任正非告诫下属说，管理者在工作中首先要避免有"富二代"思想，不要盲目铺摊子，自身在效率和费用上要有约束；同时企业一把手在解决此类问题时，治标更要治本，找到问题根源，建立合理的机

---

1 中国企业家.任正非总结华为成功哲学:跳芭蕾的女孩都有一双粗腿[J]. 中国企业家，2014（10）.

制从源头上解决。[1]

　　研究发现，被任正非戏称为"富二代现象"的问题不仅仅存在于华为，在很多中国企业中都存在。比如阿里巴巴创始人马云在接受《中国食品报·冷冻产业周刊》采访时就谈过这个问题，马云说：我曾经认为，如果你能拿到MBA，则意味着你一定是个很优秀的人才。但在他们只会不停地跟你谈策略，谈计划。记得曾有个营销副总裁跟我说："马云，这是下一年度营销的预算。"我一看："天啊！要1200万美元？我仅有500万美元。"他却回答我说："我做的计划从不低于1000万美元！"[2]

　　马云的这番言论也就说到了点子上，这也是为什么马云要说"把80%的MBA开除了"的真正原因。在处理"富二代现象"问题时，马云坦言："要么送回去继续学习，要么到别的公司去，我告诉他们应先学会做人，什么时候你忘了书本上的东西再回来吧。如果你认为你是MBA就可以管理人，就可以说三道四，那就错了，所有的MBA进入我们公司以后先从销售做起，6个月之后还能活下来，我们团队就欢迎你。"

　　马云的做法跟中国目前很多企业家的做法迥然不同，甚至有些相悖。在中国，追求业界大目标、大格局、大境界，将"摊子"铺得过大并不是企业经营者的专利，在中国2000多年的历史中，特别是军阀混战时代，诸侯扩张同样也是追求大目标、大格局、大境界的。反观历史，在中国历史上，有一个非常出名的战役，那就是赤壁之战，曹操几十万大军居然大败，从此一举不振。

　　曹操赤壁之战的失败就在于其扩张战略上的失败。曹操平定北方之后，

1　中国企业家.任正非总结华为成功哲学:跳芭蕾的女孩都有一双粗腿[J]. 中国企业家，2014（10）.

2　马云.马云：不要迷信MBA[N].中国食品报·冷冻产业周刊，2010-04-05.

开始南下，轻松地得到了刘表的荆州。曹操对自己战术层面的能力过于自信，在荆州立足未稳就盲目扩张，南下攻吴，致使其统一天下的整体战略彻底失败。实际上，荆州是东吴的要害，所谓敌之要地即我之要地。曹操和谋士们都有所疏忽，没有认识到巩固荆州大后方的重要性。

确实，对于很多中国企业，特别是家族企业创业者来说，摊子铺得过大无疑导致经营失败。对此，三株创始人吴炳新曾对史玉柱说："天底下黄金铺地，哪个人能够全得？"

然而，吴炳新自己却栽在摊子铺得过大的路途中。对此，吴炳新在媒体采访时总结自己的教训时谈到，摊子铺得过大可以说是中国企业，特别是家族企业创业者的一个通病。许多中国企业，特别是家族企业创业者在取得一点成绩之后就沾沾自喜，于是就开始过度扩张地铺摊子。

盲目扩大规模就等于是饮鸩止渴

当中小企业发展到一定的规模，要想使得中小企业做强做大，就必须按照企业的实际情况，稳步发展，决不能盲目把摊子铺得过大。如果中小企业老板盲目把摊子铺得过大，必然会犯很多错误，而这些错误就会导致中小企业遭遇重大经营困难，从而危机重重，无疑是饮鸩止渴。

在很多论坛上，一些创业者都表示要将创业企业做大做强。似乎只有将规模做大了，才可能做强。其实，这样的观点是有失偏颇的。

在日本，创办于公元578年，现存世上最古老的家族企业——金刚组，只不过是一家日本建筑公司，主营寺庙建设，规模不大，却拥有1435年的历史。而粟津温泉饭店同样历经千年，其规模只有100套房间，能容纳450人入住。

从上述日本的两家规模很小的家族企业可以看出，规模不是做大做强的唯一手段。可以说，如果盲目追求规模，不仅不能做大做强，相反还会使得企业遭遇经营困难。

亚星化学是潍坊亚星化学股份有限公司的公司名称，曾经具有生产氯化聚乙烯世界第一的规模。然而，规模并没有能够给亚星化学乘数效应。相反，其主营业务却连续多年。为了挽救亚星化学的命运，大股东不得不转让手中半数亚星化学的股权引进新股东。

2012年9月3日，亚星化学宣布：公司将引入新的大股东。亚星集团与山东盐业集团签署《股份转让协议》。大股东亚星集团将其持有上市公司35%股权中的的17.5%（5523万股）以每股5.12元，总价款约2.83亿元的价格转让给山东省国资委独资企业山东省盐业集团。转让完成后，亚星集团与山东盐业集团并列成为公司大股东。这背后是亚星化学巨大的财务黑洞与亚星集团疯狂的资金占用。

根据亚星化学公开的报表显示，在2011年年底，亚星化学流动资产相对流动负债的缺口高达9.4亿元。2012年上半年年末，这一数额上升至11.5亿元。此前，在6月18日，证监会对亚星化学与亚星集团逾13亿元的直接非经营性资金往来以及15亿元的间接性经营往来未入账等行为做出处罚决定。[1]

在其显露败相前，亚星化学可是行业内当之无愧的规模霸主。

亚星化学在2001年上市时，就拥有生产氯化聚乙烯（CPE）2.5万吨、聚氯乙烯（PVC）2.5万吨、烧碱5万吨的产能。而在这些产能中，亚星化学生产氯化聚乙烯的规模已经位居亚洲第一、世界第二。

---

1 朱剑平，王春.亚星化学山东海龙陨落 大股东"抽血"不断[N].上海证券报，2012-09-25.

在市场占有率上，拥有中国市场40%以上的占有率，排名第一；而亚星化学拥有国际市场18%以上的占有率，排名第二。

当亚星化学上市后，募集资金逾7亿元。这就给了亚星化学扩大规模提供了充足的资金。在2003年，亚星化学年产5万吨氯化聚乙烯项目竣工后，亚星化学年产氯化聚乙烯的产能就突破了7万吨。由此登上了世界第一规模的宝座。

从此，在规模扩张的这条路上，亚星化学依然一直地疾驰而行。至2005年，亚星化学年产氯化聚乙烯的产能达到11万吨。到了2008年，亚星化学年产氯化聚乙烯的产能更是增至17万吨，傲视全球。

然而，尽管规模的极具扩张却没有给亚星化学带来效益的增厚，相反，还影响了亚星化学的的年利润，甚至是利润逐年下滑，当初的盈利预测却全然成了"水中月、镜中花"。

当在2003年启动扩大规模，随着氯化聚乙烯产能成为世界第一时，亚星化学的净利润达到5270万元。然而，2003年的利润却恰恰是亚星化学盈利的顶峰。在此后的2004至2011年的8年间，亚星化学的销售收入由9.9亿元增至21.1亿元。而亚星化学的净利润则从3969万元一路下滑至2009年的亏损1.16亿元；2010年虽盈利1919万元，其中却有1.12亿元的政府补助；2011年，公司再报5433万元亏损。

与之相应，公司CPE毛利率2002年为23.7%，2003年下滑至19.14%，至2010年"沦落"到区区0.53%。而造成CPE毛利率下降的，正是公司无序扩张。最能说明问题的是：2011年，由于公司老厂区搬迁，产量下降，国内CPE供应降低，其毛利率一下反弹至12.39%。[1]

---

1 朱剑平，王春.亚星化学山东海龙陨落 大股东"抽血"不断[N].上海证券报，2012-09-25.

其实，像亚星化学这样启动规模扩张引擎的企业不在少数。对此，业内专家表示，规模效益并非是单纯地增加规模就能增加效益。其本质是由规模带来成本的下降，产品竞争力的提升，毛利率的维持或者提升。

就氯化聚乙烯而言，亚星化学虽占据了全球市场主要份额却没有定价权，一是该行业进入门槛不高，二是该产品价格如超出一定水平，就会被别的产品替代。如果产品竞争力不强，而盲目扩张，必然带来行业内企业的非理性拼杀，最终是规模越大受害越深。[1]

---

1 朱剑平，王春.亚星化学山东海龙陨落 大股东"抽血"不断[N].上海证券报，2012-09-25.

第八章

"扁鹊大哥"：事中控制不如事前控制

我们每个人最大的忧患意识就是如何做好本职工作。比如中试部一年改了一根线，使产品稳定，降低成本，多么伟大。忧患每时每刻就在我们身边，并不一定要提高到很高层次，产品质量不高，返修率不低就是我们的忧患意识。

——华为创始人　任正非

医术最好的扁鹊大哥被人遗忘的根源

在华为，忧患和质量控制意识被任正非时常提及。任正非在秘书座谈会上的讲话时谈道："谈到忧患意识，我认为不同层次人考虑的东西不尽相同，就比如960万平方公里装在国家领导的肚子里就不沉，可是装在我们肚子里就很沉。所以说我们每个人最大的忧患意识就是如何做好本职工作。比如中试部一年改了一根线，使产品稳定，降低成本，多么伟大。忧患每时每刻就在我们身边，并不一定要提高到很高层次，产品质量不高，返修率不低就是我们的忧患意识。不同岗位、不同层次的人工作内容不同，需要了解的也不一样，总之，精力应该放在搞好工作中去空抱着那些虚无飘渺的所谓的远大理想是错误的，做好本职工作最重要，这也是华为文化之一。华为公司不管社会上怎么攻击我们，我们从不解释，因为我们没有工夫，我们的重心是建设自己。"

在任正非看来，只有在忧患每时每刻就在我们身边。任正非经常把忧患意识贯穿到经营管理中，特别是在一些内部讲话中，把事前控制的忧患意识常常比喻为"扁鹊大哥"。

提及"扁鹊大哥"，还得从《扁鹊见蔡桓公》这个小故事说起：

扁鹊见蔡桓公，立有间，扁鹊曰："君有疾在腠理，不治将恐深。"桓侯曰："寡人无疾。"扁鹊出，桓侯曰："医之好治不病以为功！"

居十日，扁鹊复见，曰："君之病在肌肤，不治将益深。"桓侯不应。扁鹊出，桓侯又不悦。

居十日，扁鹊复见，曰："君之病在肠胃，不治将益深。"桓侯又不应。扁鹊出，桓侯又不悦。

居十日，扁鹊望桓侯而还走。桓侯故使人问之，扁鹊曰："疾在腠理，汤熨之所及也；在肌肤，针石之所及也；在肠胃，火齐之所及也；在骨髓，司命之所属，无奈何也。今在骨髓，臣是以无请也。"

居五日，桓侯体痛，使人索扁鹊，已逃秦矣。桓侯遂死。

在这个危机事件中，蔡桓公的死就是一个典型的危机事件，而危机管理人才扁鹊在蔡桓公死前30天已经告知该危机事件，而蔡桓公却置之不理，甚至还说："医生喜欢给没有病的人治病，把治好'病'作为自己的功劳！"

当危机事件慢慢发酵后，扁鹊以"君之病在肌肤，不治将益深。"、"君之病在肠胃，不治将益深。"将危机事件的严重性告知蔡桓公，蔡桓公的态度是不应。

当扁鹊以："疾在腠理，汤熨之所及也；在肌肤，针石之所及也；在肠胃，火齐之所及也；在骨髓，司命之所属，无奈何也。今在骨髓，臣是以无请也。"告知蔡桓公时，居然还没有引起足够的重视，结果以蔡桓公的死亡来结束了这场危机，让危机事件扩散到不可收拾。

在中国医史上，扁鹊不仅给贫民看病，也给王公贵族看病。秦武王在与武士们举行举鼎比赛的过程中，由于伤了腰部，疼痛难忍，服用太医李醯开的汤药，却不见好转，甚至还更加严重。

谋士将神医扁鹊来到秦国的信息禀告了武王。于是，武王传令扁鹊入宫。当扁鹊看了武王的病情后，按了按他的脉搏，用力在他的腰间推拿了数次，又让武王自己活动几下。

在扁鹊医治之后，武王立刻感觉好了很多。扁鹊又给武王服了一剂汤药，其病状就完全消失。武王大喜，想封扁鹊为太医令。

当扁鹊的名声传播出去之后，魏文王本想夸赞扁鹊，却故意问扁鹊说："你们兄弟三人，都精于医术，不知道哪一位的医术最好呢？"

扁鹊答曰："大哥医术最好，二哥医术次之，我医术最差。"

文王再问："那么为什么你的医术最出名呢？"

扁鹊答曰："大哥治病，通常是病情发作之前。由于患者不知道可以将病情在发作之前治愈，所以大哥的名气无法传播出去；二哥治病，通常是治病于病情之初，患者通常以为二哥只能医治一些轻微的小病，所以二哥的名气只局限及本乡里。而我是治病，主要是在病人病情严重时。患者都看到我在经脉上穿针管放血、在皮肤上敷药等大手术，所以以为我的医术高明，名气因此响遍全国。"

在今天，我们只记得扁鹊，不知道扁鹊两个哥哥的医术，这或许是我们不重视危机意识的一个体现。不过从这个小故事中我们可以得出一些启示：对于任何一个危机事件来说，不管开始时扩散范围是大是小，事后危机应对不如事中控制，事中控制不如事前控制。

因此，民营企业老板必须对危机事件防患于未然，尽最大可能去化解经营中的潜在危机事件。就像上述故事的蔡桓公，由于缺乏危机防范意识，结果因此而死去。在这里，提醒像蔡桓公一样的民营企业老板，不要总是等到危机事件发生之后，特别是错误决策造成重大损失之后才寻求危机应对的方法，尽管有时候能够应对危机，但是有些危机事件却是亡羊补牢，为时已晚，毕竟要为危机事件付出惨重的代价。

防范要重于应对

在危机事件中，任正非强调，防范要重于应对。在华为的发展壮大过程中，任正非浓厚的危机意识让华为的发展较为顺利。在《悼念杨琳》一文中，任正非写道："1997年是我们市场极其艰苦的一年，我们将积蓄了8年的力量，在中国全面争取与外国公司平等的机会。但是外国公司力量的巨大，我们还没有充分的估计。公司产品已多元化，我们的经营还未多元化，新的增长点长期长不大。由于市场总额的增大，我们服务体系的建设还跟不上，服务水平相对落后。公司全体干部服务意识距离国际接轨还很远。为了跟上大时代的步伐，对于那些服务意识、市场意识、质量意识不强烈的正职，我们希望他们辞职。"

在遭遇发展困境时，任正非坦言："市场部在抓组织改革的同时，要加强管理，依靠管理降低成本。向管理要效益，要对外国通信巨头的竞争有充分的思想准备与组织适应准备。不屈不挠地改进管理。要加强售后服务队伍的建设，全面地推行规范化的工程管理。今年将全面开始ISO9000在营销系统中的贯彻，分层结构的大市场组织已经落实，为使之运转并具有活力，我们必须全力以赴，对不负责的人，要调换岗位。如果我们管理不抓上去，面临这么快速的发展，就会陷入瘫痪。"

在任正非看来，当企业快读发展中，解决企业存在的某些问题就是首要解决的任务。在《悼念杨琳》一文中，任正非还写道：

"今年我们的研究经费将增至4亿元，同时要大大地武装中试系统，加大对预研的投入，继续集中精力打歼灭战，把有前途的产品快速推向市场。

"深化科研管理的改革，进一步完善分层结构目标管理的组织形式。加强总体技术办的力量，强化科研立项管理和项目过程监控的阶段评审的中央集权力量。融合产品战略办向总体办传递的项目立项协调与合作。放开对项目组的具体管理，让项目组在资源共享共创的基础上，充满活力。加强项目组内部的管理与协调力度，加强项目组之间的相互协调、互相配合，产生管理的源动力。

"在混沌中去寻找战略方向，抓住从混沌已凝结成机会点的战略机会，迅速转向预研的立项。逐步聚集资源、人力、物力进行项目研究，集中优势兵力一举完成参数研究，同时转入商品性能研究。在严格的中试阶段，紧紧抓住工艺设计、容差设计、测试能力，使成果更加突出商品特性。我们要以产品为中心，以商品化为导向，打破部门之间、专业之间的界限，组织技术、工艺、测试等各方面参与的一体化研发队伍，优化人力、物力、财力配置，发挥团队集体攻关的优势，一举完成产品功能与性能的研究。紧紧抓住试生产的过程控制与管理，培养一大批工程专家。进一步强化产品的可生产性、可销售性研究试验。为产品研究人员进行中试提供多种筛子，使产品经理受到真枪实弹的考验。没有中试、生产与技术支援经验的人，将逐步不能担任大型开发的管理职务。从难、从严、从实战出发，在百般挑剔中完成小批量试生产。在大批量的投入生产之后，严格地跟踪用户服务，用一两年时间观察产品的质量与技术状况，完善一个新商品诞生的全过程。将来研究系统的高级干部，一定要经过全过程的锻炼成长。"

在华为的潜在危机中，任正非都尽可能地通过事前控制来防范危机，从而保证了华为的正常运营。在《悼念杨琳》一文中，任正非从多个角度阐释了防范要重于应对的危机管理思维。

危机识别是危机预警和管理的前提

在企业经营中，危机管理极具综合性，涉及产品研发、质量控制、媒体推广、人员管理、流程管理等多个方面，绝不仅仅是企业管理那么简单。当然，在所有的危机管理中，最好的危机管理就是重在防范。

在《能工巧匠是我们企业的宝贵财富》一文中，任正非坦言，作为公司的每一位员工，都要有强烈的责任感和危机意识。他写道：

"有人说：我是打工的，我拿这份工资，对得起我自己。我认为这也是好员工，但是他不能当组长，不能当干部，不能管三个人以上的事情，因为他的责任心还不够。打工，也要负责任，在生产线出现的一个很小的错误，如果当场解决后，浪费的财产可能是一块钱；当我们把这个机器装到现场的时候，造成的损失至少是1000块钱。间接损失包括社会影响、包括客户对我们的不信任，这个损失绝不是1000倍可以衡量的。这也损失了你涨工资可能的空间，因为利润已转化为费用，拿什么来提升。

"公司总的来说，是希望不断地提高员工的收入，使员工的收入能够更好地进行家庭建设。但是钱从哪儿来呢，只有从提高效益中来。要按照公司总的增幅、总的利润的增长和降低成本目标来定出工资总额。所以如果我们利润不能再增长，我们收入也就不能再增长。只有大家提高自己的效益，使自己的工作有效性和质量达到一个高标准，才有可能把大家的待遇提到一个高标准。因此我认为企业是要根据自己的效益来不断提高，去改善员工的生活。

"由于市场和产品已经发生了结构上的大改变，现在有一些人员已经不能适应这种改变了，我们要把一些人裁掉，换一批人。因此每一个员工都要调整自己，尽快适应公司的发展，使自己跟上公司的步伐，不被淘汰。只要你是一个很勤劳、认真负责的员工，我们都会想办法帮你调整工作岗位，不让你被辞退，我们还在尽可能的情况下保护你。但是我们认为这种保护的能力已经越来越弱了，虽然从华为公司总的形势来看还是好的，但入关的钟声已经敲响，再把公司当成天堂，我们根本就不可能活下去。因为没有人来保护我们在市场上是常胜将军。

"每一个能工巧匠要模范地遵守流程，严格按规范来操作。任何改进必须经过周密策划，只有经过策划的尝试，失败不应受到指责。那种盲目将助焊剂任意不经实验就大规模采用，随意将烘烤温度从100度提升到200度，不是一种认真负责的行为。

"在华为公司，像谭耀飞所做的事应该是每一个员工都是可以做的，而且做完以后都是普普通通的，但是他在生产系统却受到了打击，这个打击说明我们的员工还有太平思想，认为公司幸福无边，没有必要管这件事，浪费一点又不影响我。竞争的硝烟已经存在了，所以如果我们再姑息一切不正确的员工，我们何以能生存下去？"

在应对危机的过程中，需要制定一套完善的危机预警方案，首先要确定什么是危机，不能草木皆兵。美国危机管理机构（ICM）对危机的界定是：对企业的正常活动造成重大干扰，并且由此导致媒体大量的负面报道，引起公众广泛关注，进而造成政府干预，产生法律纠纷，造成财产损失。[1]

在企业危机事件中，一般分为三个等级：

第一，一般事件。所谓一般事件是指，当非常规问题出现时，企业危机管理小组引起立即关注。如消费者投诉，在解决这类问题中，消费者投诉问题能够及时解决，企业危机发生的可能性就不大，往往也不会产生较大影响。主要是消费者投诉通常只是不满意产品质量或者服务，不会出现重大人员伤亡或财产损失，但是一旦不有效地解决消费者投诉，那么其引发的后果也非常严重。

第二，紧急事件。所谓紧急事件是指，通常产品引发人员伤亡或者财产损失。此刻，企业重大危机事件已经发生，需要民营企业老板拿出具体危机解决方案，积极应对。

第三，严重的重大危机事件，当上述两种危机事件已经无法控制时，甚至在相当大的范围内对企业产生负面影响。一般地，产生这样的危机事件，主要问题还是源于企业在对前面两种危机事件的不重视，忽略其发生的可

1　郭惠民. 危机管理　重在防范[N].中国信息报，2006-10-11.

能，甚至是对其危害性估计不足。

不可否认，产生如此严重的危机事件，主要还是危机预警和管理没有得到足够重视，特别是危机识别能力的欠缺。

其实，类似严重的重大危机，在危机等级一和危机等级一二时，一定出现诸多的危机征兆，只不过民营企业老板没有有效地解决好，所以才出现了危机等级三的情况，民营企业老板如果在此刻能够处理得当，那么可以减少危机事件对企业声誉造成重大损失。

对此，英特尔前任总裁兼首席执行官安迪·格鲁夫在接受媒体采访时坦言："危机如同SARS病毒一样，预防与控制是成本最低、最简便的方法，但它常常被忽视。优秀的企业安度危机，平庸的企业在危机中消亡，只有伟大的企业在危机中发展自己。"

事实证明，对于任何企业来说，只要是危机，不管是危机等级一，还是危机等级二，甚至是危机等级三，这些危机事件在爆发前都或多或少、或迟或早出现过危机的预警信号。在很多时候，由于民营企业老板的疏忽大意，使得危机等级发酵，结果造成重大的危机事故。

不可否认，由于一些民营企业老板对危机管理的不重视，使得危机预警信号被没有及时发现。当然，民营企业老板更为关心的是，如何及时地、准确地捕捉到危机事件诱发的信息，及早地采取有效措施避免演变成重大危机事件，这就需要民营企业老板有效地识别危机，因为这是企业危机管理中的一个关键环节。

在有效的危机管理中，防范优于事后危机应对。当潜在危机出现后，民营企业老板如果能识别，并采取有效措施将潜在危机"化解"在萌芽状态中。无疑，这样的危机管理方式，付出的成本自然是最低的。

当然，识别危机的关键在于民营企业老板。一般地，民营企业老板如果在危机事件尚未全面爆发时，敏感地、快速地识别出潜在的危机，将危机事件化解于无形，其作用非常巨大。

一般地，在企业19种潜在危机中，民营企业老板一旦不能及时地采取有效措施进行危机应对，有可能演变成为巨大的危机事件，企业甚至付出惨重的代价。

然而，遗憾的是，在许多中国企业中，中高层管理人员普遍面临危机识别能力和危机处理能力薄弱等"通病"。如果将将能从19种潜在危机中正确识别出5种或5种以下者界定为低危机识别能力者，能正确识别出6~10种为中等危机识别能力者，能正确识别出10种以上者为较高危机识别能力者。根据这一划分，有72.6%的被访者属于低危机识别能力者，9.4%属于中等危机识别能力者，仅有18.0%属于较高危机识别能力者[1]，见图8-1。

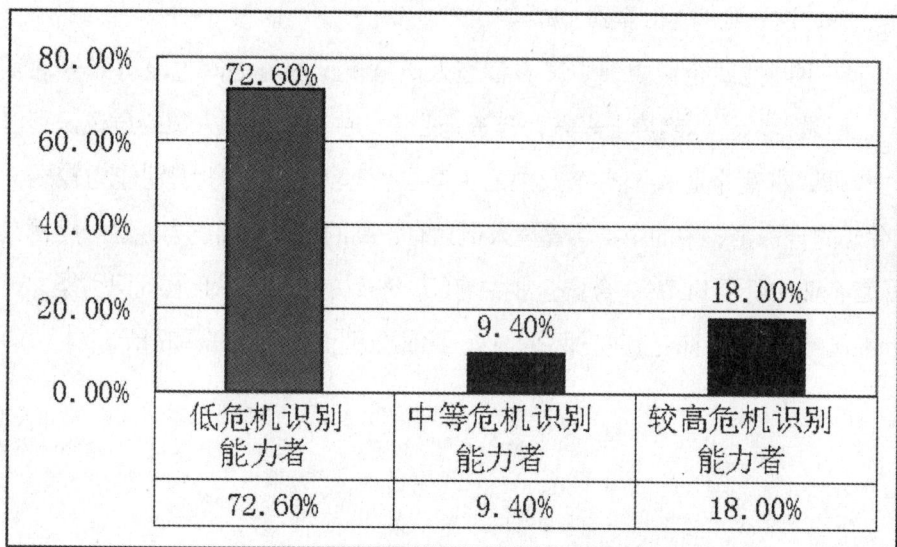

	低危机识别 能力者	中等危机识别 能力者	较高危机识别 能力者
	72.60%	9.40%	18.00%

图8-1 企业中高层管理人员危机识别能力

---

1 陈贺新.中国企业危机调查报告：半数企业处于危机状态[N].中华工商时报，2004-06-04.

在上述这组数据中，足以说明中高层管理人员危机识别能力非常之薄弱。在很多企业中，中高层管理人员的危机识别能力通常较弱，在危机识别过程中还具有一定的短视性，表现在对于与企业的生产经营和效益具有非常直接关联的危机，如人力资源危机和产品服务危机等具有较高的敏感度，而对于并购、诉讼、工作事故、天灾人祸、媒体危机等与企业的经营和收效间的关联似乎不那么直接的危机的敏感度相对较低。[1]

研究发现，在不同规模企业中，中高层管理人员的危机识别能力没有显著性差异。不过，规模越大的企业，其中高层管理人员的危机识别能力越强。81.0%的较小规模企业中高层管理人员只具备低危机识别能力，这一比例在资产规模超过1亿元的大规模企业中降至59.3%。小规模企业中仅有12.5%的中高层管理人员具有较高的危机识别能力，而在资产规模1亿元以上大大规模企业中，这一比例上升至24.1%。[2]

在不同性质企业中，中高层管理人员危机识别能力间也没有显著性差异，但是，从总体趋势上来看，合资企业中的中高层管理人员的危机识别能力较强，私营企业和国有企业中的中高层管理人员的危机识别能力较弱。24.2%的合资企业中的中高层管理人员具有较高的危机识别能力，这一比例在私营企业中降至14.7%。合资企业中有65.2%被访者只具备低危机识别能力，而在国有企业和外商独资企业中，这一比例分别上升至75.9%和74.7%。[3]

---

1 陈贺新.中国企业危机调查报告：半数企业处于危机状态[N].中华工商时报，2004-06-04.
2 零点公司.人事危机是企业最经常面临的危机[J].人力资本，2004（2）.
3 零点公司.人事危机是企业最经常面临的危机[J].人力资本，2004（2）.

第九章

"跳芭蕾的女孩都有一双粗腿"：管理改进
坚决反对完美主义

世界是在变化的，永远没有精致完美，根本不可能存在完美，追求完美就会陷入到低端的事务主义，越做越糊涂，把事情僵化了。做得精致完美，就会变成小脚女人，怎么冲锋打仗。以前我认为跳芭蕾的女孩是苗条的，其实是粗腿，很有力量的，脚很大的，是以大为美。华为为什么能够超越西方公司，就是不追求完美，不追求精致。

——华为创始人　任正非

🦋 "跳芭蕾的女孩都有一双粗腿"

在宽大的剧场里，芭蕾舞无疑大大强化了舞蹈的造型。有点像书法的墨迹，也好似流星划过天空一般，在展现力量与运动的同时，把芭蕾舞独具一格的美展现在观众面前。

作为军人企业家的任正非来说，可能更爱看芭蕾舞剧《红色娘子军》，该舞剧是一个军旅题材的剧情，描写的是中国20世纪30年代的女军人故事。

当提及芭蕾舞，在很多人的脑海中，自然第一时间想到了《天鹅湖》，自然把芭蕾舞剧是王子与公主的凄美爱情划上了等号。

在芭蕾舞《天鹅湖》中，剧期间不仅有柴科夫斯基的不朽音乐，更是许多年轻貌美的、看似腿型修长的女演员足尖跳跃出的高贵舞步。

柴可夫斯基创作于1876年的芭蕾舞剧《天鹅湖》，共分为四幕[1]。详细剧情介绍如下：

引子

凶恶的罗斯巴特魔王施以恶毒的咒语把正在湖畔采花的公主奥杰塔变成了一只天鹅。奥杰塔只公主只有在晚上才能变回人形。要想变回人形，只有坚贞不渝的爱情才能彻底破除罗斯巴特魔王邪恶的魔法。

第一幕

当老国王去世后，作为继承人的奇格弗里德王子，自然要继承王位。因此，王子必须要举行婚礼。然而，奇格弗里德王子为此深恐失去自由，更不愿娶一位不为自己所爱的人为妻。在21岁生日之际，王子和朋友们在城堡的庭院中聚会，仆人班诺安排了生日宴会并尽力让王子快乐，不料王后突然驾到，她对这种大肆喧闹的宴会大为吃惊，提醒王子王宫还处于国丧期，王后说完离去，留下了沮丧的奇格弗里德王子。班诺让两名交际花跳舞去取悦王子，乐起舞兴时，班诺也热情地起舞向未来的国王祝酒。当舞终人散时，一行天鹅从奇格弗里德王子的头顶飞过，班诺建议奇格弗里德王子试试新弩，他们朝天鹅飞去的方向猎捕追去。

---

1 百度百科.芭蕾舞天鹅湖[EB/OL].2014.http://baike.baidu.com/view/2468655.htm?fr=aladdin.

第二幕

王子和班诺来到了湖边，王子遣班诺去寻找天鹅。独自留下的他引起了魔王罗斯巴特的注意。

突然一只天鹅靠近，王子惊奇地看到一只端庄高贵的天鹅慢慢变成了娇美的婷婷少女。美丽的少女向英俊的王子讲述了自己悲惨的身世。原来，她是一位名叫奥杰塔的公主，可恶的魔王将她和伙伴变成了天鹅，她们只有在深夜才能恢复人形。惟有坚贞的爱情才能破除邪恶的魔法。王子坚信公主就是他朝思暮想的心上人。

魔王在一边偷听被发现，王子欲射杀他，奥杰塔向王子求情不要杀死魔王，否则符咒将永不能破除。奥杰塔警告王子如果他违背了爱的誓言，她将会永远做一只天鹅。黎明破晓，王子发誓要将她从苦难中解救出来，发誓将这永恒的爱牢记在心。奥杰塔和她的同伴变回天鹅回到了湖里。

第三幕

待选王后的各国佳丽云集在城堡的舞厅中，王子必须从中挑选出一位未婚妻。公主们为讨王子的欢心纷纷献舞，可是王子的思绪不在她们身上，拒绝做出选择。响亮的号声响起，宣告来了两位没有受到邀请的客人。他们是魔王罗斯巴特伪装的使臣和他的女儿奥吉莉娅。罗斯巴特把奥吉莉娅变成了奥杰塔，王子被貌似奥杰塔的不知身份的来访者迷住了，他深信舞池中的就是他那位天鹅公主。

正当王子和奥吉莉娅共舞时，奥杰塔在窗口出现，她祈求王子记起对她的誓言，但此时的王子已被魔王的符咒迷惑分神。王子在魔王的要求下举手对奥吉莉娅许下爱的誓言——魔王的阴谋得逞了，奥杰塔绝望地呼喊离去。顿时电闪雷鸣，舞厅里一片混乱不堪，王子绝望地醒悟过来，但为时已晚，他已对别人再次承诺了爱的誓言。受到欺骗的王子冲出去寻找真正的奥杰塔。

第四幕

伤心欲绝的奥杰塔公主回到天鹅湖畔。罗斯巴特魔王为了阻止奇格弗里德王子前去寻找奥杰塔公主，为此制造了一场罕见的暴风雪。

经过艰苦的跋涉，奇格弗里德王子最终找到了奥杰塔公主。然而，奇格弗里德王子无限的真情和无尽的懊悔都无法改变背约的后果，符咒再也不能破解，王子和公主就要天各一方。魔王现出了狰狞的面目，将公主和姑娘们变成了天鹅漂流在湖面上。悲愤的王子和公主拥抱在一起，以不能爱毋宁死的信念，双双跳进湖水泛滥的狂涛。刹时间奇迹出现了，正义战胜了邪恶，坚贞的爱情战胜了万恶的妖魔，魔法破灭、魔窟坍塌、湖水退潮，天鹅姑娘们获得再生。

王子和公主沐浴在旭日的霞光中，美好的生活又开始了。

从这四幕故事可以了解到，《天鹅湖》芭蕾舞剧取材于一个民间的传说。为此，评价家认为，《天鹅湖》芭蕾舞剧在观众心中留下无可取代的地位与纯美无比的童话故事分不开。其理由是，《天鹅湖》故事取材于民间故事，即恶魔把美丽的少女变作天鹅，但爱情和正义的力量最终战胜邪恶。尽管结尾音乐悲戚，却是个爱情战胜邪恶的大团圆结局。[1]

毫不夸张地说，《天鹅湖》的故事很完美，跳《天鹅湖》芭蕾舞剧的女演员也年轻貌美、腿型修长。然而，理性的任正非更是一语中的——"跳芭蕾的女孩都有一双粗腿"。

1　百度百科.芭蕾舞天鹅湖[EB/OL].2014.http://baike.baidu.com/view/2468655.htm?fr=aladdin.

☒ 均衡的管理哲学思想

在华为，向来都是反对完美主义的，甚至曾经还有管理专家将任正非的"成功哲学"归结为一句话——"跳芭蕾的女孩都有一双粗腿。"当然，管理专家引用任正非这句"跳芭蕾女孩都有双粗腿"话主要是来比喻自己在企业经营中不追求完美。

在很多内部讲话中，任正非时常反对完美主义。在讲话中，任正非说道："世界是在变化的，永远没有精致完美，根本不可能存在完美，追求完美就会陷入到低端的事务主义，越做越糊涂，把事情僵化了；做得精致完美，就会变成小脚女人，怎么冲锋打仗。华为公司为什么能够超越西方公司，就是不追求完美，不追求精致。"

任正非的比喻非常恰当，因为在非专业人士的意识中，跳芭蕾舞的女孩，其身材都是非常好的，腿很细很长。在专业人士眼里，这些看法都是不客观的，在大部分跳芭蕾的女孩中，她们的双腿非常粗，脚也很大，因为这样才有力量。

这其实是建筑学逻辑的具体体现：在建筑学中，力量是其根本，唯有建立在力学原理基础上的万事万物，才可能存在和谐之美、均衡之美。

除此之外，"跳芭蕾的女孩都有一双粗腿。"这个比喻还体现了均衡的管理哲学思想。对于任何一个跳芭蕾的女孩来说，只有一双坚实的粗腿和大脚，才能支撑起弹性与柔性，支撑起令人炫目的动感与平衡。[1]

其实，这样的道理对于企业而言，也较为适用的。因为在企业的发展

1　中国企业家.任正非总结华为成功哲学:跳芭蕾的女孩都有一双粗腿[J]. 中国企业家,
　　2014（10）.

中，"单向度追求"可为企业带来高速发展，尤其在企业的原始积累时期，能够使企业活下来，并奠定一定的实力基础。但进攻，不停歇地进攻，会在企业外部带来越来越多的对立和摩擦；在企业内部，也会积累与沉淀太多的矛盾与冲突，所以，均衡也成为一个时期组织管理的核心话题。[1]

在华为，任正非告诫华为人要坚守"均衡就是生产力的最有效形态"，"继续坚持均衡的发展思想，推进各项工作的改革和改良。均衡就是生产力的最有效形态。通过持之以恒的改进，不断地增强组织活力，提高企业的整体竞争力，以及不断地提高人均效率"的华为核心价值观。

当华为发展到一定规模后，华为积累与沉淀太多的矛盾与冲突无疑会增加，这就使得任正非在发展与治理中寻找到一个均衡的管理模式。如轮值CEO制度，这其实是任正非均衡管理思想的具体体现。在任正非署名文章《一江春水向东流》中，任正非这样写道：

我人生中并没有合适的管理经历，从学校，到军队，都没有做过有行政权力的"官"，不可能有产生出有效文件的素质，左了改，右了又改过来，反复烙饼，把多少优秀人才烙糊了，烙跑了……这段时间的摸着石头过河，险些被水淹死。

2002年，公司差点崩溃了。IT泡沫的破灭，公司内外矛盾的交集，我却无能为力控制这个公司，有半年时间都是噩梦，梦醒时常常哭。真的，不是公司的骨干们在茫茫黑暗中，点燃自己的心，来照亮前进的路程，现在公司早已没有了。这段时间孙董事长团结员工，增强信心，功不可没。

大约2004年，美国顾问公司帮助我们设计公司组织结构时，认为我们还

---

1 中国企业家.任正非总结华为成功哲学:跳芭蕾的女孩都有一双粗腿[J]. 中国企业家，2014（10）.

没有中枢机构，不可思议。而且高层只是空任命，也不运作，提出来要建立EMT（Executive Management Team），我不愿做EMT的主席，就开始了轮值主席制度，由8位领导轮流执政，每人半年，经过两个循环，演变到今年的轮值CEO制度。

也许是这种无意中的轮值制度，平衡了公司各方面的矛盾，使公司得以均衡成长。轮值的好处是，每个轮值者，在一段时间里，担负了公司COO的职责，不仅要处理日常事务，而且要为高层会议准备起草文件，大大地锻炼了他们。同时，他不得不削小他的屁股，否则就达不到别人对他决议的拥护。这样他就将他管辖的部门，带入了全局利益的平衡，公司的山头无意中在这几年削平了。

经历了8年轮值后，在新董事会选举中，他们多数被选上。我们又开始了在董事会领导下的轮值CEO制度，他们在轮值期间是公司的最高的行政首长。他们更多的是着眼公司的战略，着眼制度建设。将日常经营决策的权力进一步下放给各BG、区域，以推动扩张的合理进行。

这比将公司的成功系于一人，败也是这一人的制度要好。每个轮值CEO在轮值期间奋力地拉车，牵引公司前进。他走偏了，下一轮的轮值CEO会及时去纠正航向，使大船能早一些拨正船头。避免问题累积过重不得解决。

在这篇文章中，任正非不仅回顾了华为的创业过程，同样也阐释了华为轮值CEO制度的由来，以及存在的必要。

在华为的发展过程中，变革和发展同时进行。不过，在均衡思想的指导下，任正非坚决反对完美主义，正如他所讲——"跳芭蕾的女孩都有一双粗腿"。

在华为20多年的成长与发展路上，任正非通过持续不断地改进、改良与改善，不断地强化与提升华为的经营管理能力，使得华为走上了一条健康的发展之路。事实证明，华为的成功，不仅动态地实现功与利、经营与管理的均衡，而且还把均衡管理的核心竞争力发挥到极致的地步。

2005年，华为加快了国际化的步伐，为了更好地走出去，华为将其战略做了如下定位：第一，为客户服务是华为存在的唯一理由，客户需求是华为发展的原动力；第二，质量好、服务好、运作成本低，优先满足客户需求，提升客户竞争力和赢利能力；第三，持续管理变革，实现高效的流程化运作，确保端到端的优质交付；第四，与友商共同发展，既是竞争对手，也是合作伙伴，共同创造良好的生存空间，共享价值链的利益。

从上述四个战略定位可以看出，华为的战略既关注经营（第一条），又关注管理（第二条）；既关注企业外部（第一条与第四条），同时也关注企业内部（第二条与第三条）。可以说基于其经营管理哲学的华为战略，是一个充满了均衡的战略。[1]

管理改进坚决反对完美主义

在华为的发展过程中，随着规模的扩大，其管理改进也在悄然进行中，犹如春风化雨一般，悄然洒落在华为全体的员工之中。对于掌舵者任正非来说，之所以采取渐渐式的管理改进，其目的还是因为在发展与管理当中寻找一个最佳的结合点。

在内部讲话中，任正非谈道："如果我们用完美的观点去寻找英雄，是

---

1 吴春波.任正非间于"黑""白"之间的灰度管理哲学[N].中国经营报，2010-10-27.

唯心主义。英雄就在我们的身边，天天和我们相处，他身上有你值得学习的地方。我们每一个人的身上都有英雄的行为。当我们任劳任怨，尽心尽责地完成本职工作，我们就是英雄。当我们思想上艰苦奋斗，不断地否定过去；当我们不怕困难，愈挫愈勇，您就是您心中真正的英雄。我们要将这些良好的品德坚持下去，改正错误，摒弃旧习，做一个无名英雄。"

在任正非看来，完美的英雄是不存在的。这就是任正非一直反对完美主义的根源所在。在管理改进中，很多企业家都会选择职业化的管理队伍，而任正非却是这样对职业化进行了定义：什么是职业化？就是在同一时间、同样的条件，做同样的事的成本更低。

任正非坦言，一旦"市场竞争，对手优化了，你不优化，留给你的就是死亡。"对此，任正非拿思科与爱立信在内部治理上的水平与华为做了对比。任正非说："思科在创新上的能力，爱立信在内部管理上的水平，我们现在还是远远赶不上的。要缩短这些差距，必须持续地改良我们的管理。不缩短差距，客户就会抛离我们。"

在这样的背景下，华为要想追赶思科和爱立信，那么华为急需改进，但是在改进的过程中，一定要注意要沉着冷静，不能盲目行事。任正非说："的确，我们要有管理改进的迫切性，但也要沉着冷静，减少盲目性。我们不能因短期救急或短期受益，而做长期后悔的事。不能一边救今天的火，一边埋明天的雷。管理改革要继续坚持从实用的目的出发，达到适用目的的原则。"

为了解决华为思想混乱，主义林立的问题，任正非通过外力制定了《华为基本法》。在任正非署名文章《一江春水向东流》中，任正非这样写道：

到1997年后，公司内部的思想混乱，主义林立，各路诸侯都显示出他们的实力，公司往何处去，不得要领。我请人民大学的教授们，一起讨论一个

"基本法"，用于集合一下大家发散的思维，几上几下的讨论，不知不觉中"春秋战国"就无声无息了，人大的教授厉害，怎么就统一了大家的认识了呢？从此，开始形成了所谓的华为企业文化，说这个文化有多好，多厉害，不是我创造的，而是全体员工悟出来的。

我那时最多是从一个甩手掌柜，变成了一个文化教员。业界老说我神秘、伟大，其实我知道自己，名实不符。我不是为了抬高自己，而隐起来，而是因害怕而低调的。真正聪明的是13万员工，以及客户的宽容与牵引，我只不过用利益分享的方式，将他们的才智粘合起来。

公司在意志适当集中以后，就必须产生必要的制度来支撑这个文化，这时，我这个假掌柜就躲不了了，从上世纪末，到本世纪初，大约在2003年前的几年时间，我累坏了，身体就是那时累垮的。身体有多项疾病，动过两次癌症手术，但我乐观……

那时，要出来多少文件才能指导，约束公司的运行，那时公司已有几万员工，而且每天还在不断大量地涌入。你可以想象混乱到什么样子。我理解了，社会上那些承受不了的高管，为什么选择自杀。问题集中到你这一点，你不拿主意就无法运行，把你聚焦在太阳下烤，你才知道CEO不好当。每天10多个小时以上的工作，仍然是一头雾水，衣服皱巴巴的，内外矛盾交集。

在任正非看来，华为从一个小公司成为一个跨国公司，其内部还残留小公司的不良习气，以及早期的习惯势力的影响，无疑会阻碍华为完全职业化的进程。任正非解释说："我们从一个小公司脱胎而来，小公司的习气还残留在我们身上。我们的员工也受20年来公司早期的习惯势力的影响，自己的思维与操作上还不能完全职业化。这些都是我们管理优化的阻力。"

任正非分析说："由于我们从小公司走来，相比业界的西方公司，我们一直处于较低水平，运作与交付上的交叉、不衔接、重复低效、全流程不顺畅现象还较为严重。"因此，在华为的管理改进中，要继续坚持遵循"7反对"的原则。

所谓"7反对"是指：坚决反对完美主义；坚决反对繁琐哲学；坚决反对盲目的创新；坚决反对没有全局效益提升的局部优化；坚决反对没有全局观的干部主导变革；坚决反对没有业务实践经验的人参加变革；坚决反对没有充分论证的流程进行实用。

针对这七反对的原则，任正非提出："我们不忌讳我们的病灶，要敢于改革一切不适应及时、准确、优质、低成本实现端到端服务的东西。但是更多的却是从治理进步中要效益。我们从来都不主张较大幅度的变革，而主张不断的改良，人们现在依然要耐得住性子，谋定而后动。"

在任正非看来，如果总是从完美的角度出发，总是事事都力求完美，那么，这样的企业也很难得到长远的发展。只有不断地在治理中管理企业，才能使企业向更好的方面发展。在任正非署名文章《一江春水向东流》中，任正非这样写道：

在华为成立之初，我是听任各地"游击队长"们自由发挥的。其实，我也领导不了他们。

前10年几乎没有开过办公会类的会议，总是飞到各地去，听取他们的汇报，他们说怎么办就怎么办，理解他们，支持他们；听听研发人员的发散思维，乱成一团的所谓研发，当时简直不可能有清晰的方向，像玻璃窗上的苍蝇，乱碰乱撞，听客户一点点改进的要求，就奋力去找机会……更谈不上如何去管财务的了，我根本就不懂财务，这与我后来没有处理好与财务的关系，他们被提拔少，责任在我。

也许是我无能、傻、才，如此放权，使各路诸侯的聪明才智大发挥，成就了华为。我那时被称作甩手掌柜，不是我甩手，而是我真不知道如何管。今天的接班人们，个个都是人中精英，他们还会不会像我那么愚钝，继续放权，发挥全体的积极性，继往开来，承前启后呢？他们担任的事业更大，责任更重，会不会被事务压昏了，没时间听下面唠叨了呢……

相信华为的惯性，相信接班人们的智慧。

从任正非的文章中不难看出，尽管华为遭遇诸多问题，但是任正非巧妙地化解了。华为的经营模式选择了客户化导向。

在华为的产品研发中，产品的发展路标是客户需求导向，把为客户提供完善和及时的服务作为公司存在的唯一价值和理由；在管理模式方面，华为的微观商业模式就是流程化的组织建设，完成企业诸元素从端到端、高质、快捷、有效的管理；在内部核心价值观方面，相应地构建以高绩效为特征的企业文化。[1]

正如任正非所言："在这20年的痛苦磨难中，我们终于确立了'以客户为中心，以奋斗者为本'的企业文化，它使公司慢慢走出了困境。"

同样不难看出，华为所提倡的企业核心价值观，同样将内部价值导向（艰苦奋斗）与外部价值导向（客户）有机地和均衡地结合在一起。从整体上看，这一模式将客户价值、企业效益、管理的效率和工作的高绩效有机地结合在一起，从而实现一种有效的和谐，一种动态的均衡。可以说，华为提出的宏观商业模式与微观商业模式是建立在理性的思考基础之上的，其实质是经营管理动态均衡变成了有实践意义的"华为模式"。[2]

1　吴春波.任正非间于"黑""白"之间的灰度管理哲学[N].中国经营报，2010-10-27.
2　吴春波.任正非间于"黑""白"之间的灰度管理哲学[N].中国经营报，2010-10-27.

第十章

"人不能两次踏入同一条河流"：变革与华为的自我批判

一个企业运作时间长了，员工就会自动产生懒惰，因此，要不断地改良、变革，但变革与华为的自我批判一样，不能是暴风骤雨式的肆虐侵袭，而应是春雨润物，无声渗透。

——华为创始人 任正非

古希腊哲学思想的企业启示

希腊，不仅拥有悠久的历史，还被誉为是西方文明的发源地。其实，这样的评价一点也不夸张，因为古希腊是四大文明古国之一，也是西方历史的开源，其历史持续了约650年（公元前800年~公元前146年）。

在人类历史的进程中，古希腊创造了灿烂的文明，如公元前五六世纪，特别是希波战争以后，古希腊的经济生活得到高度繁荣，经济的高速发展催生了光辉灿烂的希腊文化，对人类历史的进程影响深远，即使在遥远的中国，很多中国人也能够如管中窥豹一般了解希腊神话。然而，也有一些中国人却能从希腊神话中得到管理启示，或者感悟出深刻的管理哲学。

经过2000多年的发展，不知道任正非在考察欧洲时，是否在希腊歇息片刻——这个位于欧洲东南部巴尔干半岛南端的国家。不过，可以肯定的是，任正非对希腊思想可是相当了解的，如任正非所说："希腊大力神的母亲是大地，他只要一靠在大地上就力大无穷。我们的大地就是众人和制度。"

不仅如此，在很多讲话中，任正非多次引用古希腊哲学家赫拉克利特的"人不能两次踏入同一条河流"思想，足以看出任正非的博学。

"人不能两次踏入同一条河流"这是古希腊哲学家赫拉克利特的思想。在赫拉克利特看来，"当你第二次走进这条河流时它已经不是你第一次走进时的那条河流，原来的那条河流早就变化了，水也不是原来的水了。这是因为河流在不停地流动。世界上的万事万物，永远处于不停的运动之中。[1]"

这种思想主要在阐述"变"的哲学。在赫拉克利特的哲学中，形象地表达了他关于变的思想，他说："太阳每天都是新的。"

在赫拉克利特的思想中，宇宙万物没有什么是绝对静止的和不变化的，一切都在运动和变化。因此，在华为的成长过程中也同样变化着。任正非在内部讲话中多次以"人不能两次踏入同一条河流"比喻华为的阶段性问题。任正非借这个哲学思想表明，任何事情都不能用形而上学的静止的观点去看待、分析和处理。客观事物是不断变化发展的，所以人们要用发展的观点看待事物，要与时俱进，不断变易。无论是一个企业，还是一个人，只有不断地跟随迅速变化的世界而变化，才能适应迅速变化的世界。[2]

---

1 中国企业家.任正非总结华为成功哲学:跳芭蕾的女孩都有一双粗腿[J]. 中国企业家，2014（10）.
2 中国企业家.任正非总结华为成功哲学:跳芭蕾的女孩都有一双粗腿[J]. 中国企业家，2014（10）.

![HUAWEI] 人性的弱点推动华为的变革与自我批判

在任正非看来，一个企业运作时间长了，员工就会自动产生懒惰，因此，要不断地改良、变革，但变革与华为的自我批判一样，不能是暴风骤雨式的肆虐侵袭，而应是春雨润物，无声渗透。[1]

究其原因，正如生理学家所强调的那样，人类都是带着病毒来到我们这个世界上的。马克思为此分析说："人从出生之日起，就大踏步地向坟墓迈进。"

不管是生理学家，还是马克思，都在强调生命周期。其实，作为一个组织，其生命周期同样如此，如政治组织、社会组织、企业。当这些组织创建时，大都是生机勃勃，然而，各种病症随之而来的就是在腐蚀、侵蚀组织。

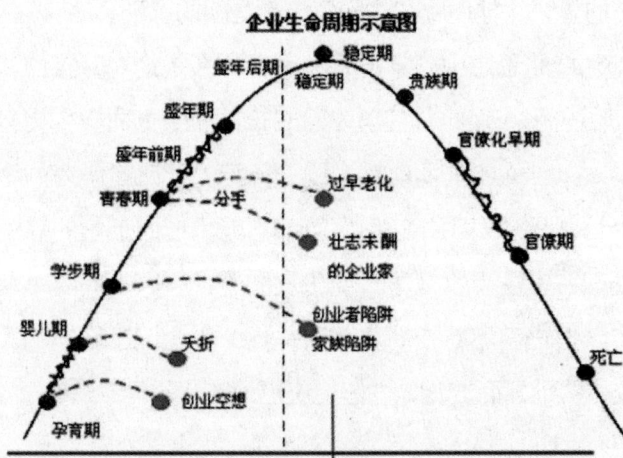

图10-1　企业生命周期示意图

1　中国企业家.任正非总结华为成功哲学:跳芭蕾的女孩都有一双粗腿[J]. 中国企业家，2014（10）.

对此，美国管理学家伊查克·爱迪斯（Ichak Adizes）曾经花费20多年的时间来研究企业是如何发展、老化和衰亡的。在《企业生命周期》一书中，伊查克·爱迪斯把企业生命周期分为十个阶段，即：孕育期、婴儿期、学步期、青春期、壮年期、稳定期、贵族期、官僚化早期、官僚期、死亡，见图10-1。

在爱迪斯这个类似山峰轮廓的企业生命周期曲线中不难看出，有的企业可以在这条曲线上延续几十年甚至上百年。然而，成千上万的企业还没走完这条曲线就倒闭了。成千上万的企业仅仅存在几年、十几年，甚至还在成长期就夭亡了。

在爱迪斯看来，这是企业成长中会遇到许多陷阱，企业没有跳过去。很多企业面临的最大问题是"第二次或第三次创业"的陷阱，尤其是民营企业。这时企业基本上已经发展起来了，处在学步期或青春期，将要从创业型转为管理型，进行较大的跳跃。爱迪斯指出的创办人或家族陷阱，也正是民企关心的如何超越家族制的问题。而这恰恰是企业最危险的一个陷阱。[1]

其实，企业组织生命周期的理论不仅存在于企业中，也存在于任何组织中。事实证明，对于任何一个组织衰落而言，其病症的根源在于人性。在很多西方组织管理学家都一直认为，人类与生俱来就存在自私、懒惰、贪婪等诸多弱点，当这群人组成一个组织时，无疑对组织的生存、发展到终结的生命周期起到推波助澜的作用。

任正非在领导华为发展壮大的过程中，看到了这些问题。当华为面临员工疲劳、缺乏工作激情这个最大挑战时，华为的管理变革因此拉开序幕。在华为顾问田涛看来，一个人保持阶段性的活力、激情是容易做到的，一个组织保持2年、3年、5年的活力也是相对容易的。但是，持久地保持激情与活

---

1 【美】伊查克·爱迪斯.企业生命周期：P17-96[M]：北京：中国社会科学出版社，1997.

力，大概是组织领袖们所随时面临的难题。

当然导致企业过早衰退的还有一个原因就是员工疲劳症。田涛分析认为，一个新员工刚加盟某企业时，其态度都是积极、向上的。如单位八点上班，新员工一般地都是七点半就到单位，晚上下班以后，新员工还照样在单位加班。

当一名新员工变成老员工，一个新士兵变成一个"兵痞"时，此刻该员工就缺乏当初加盟企业时的工作激情了。就如同一匹马从战马变成懒马，变成病马时，该马群无疑会出现类似于传染病一般的普遍惰怠与散漫，其后果是非常严重的。

山头，腐败，惰怠需要变革与自我批判

在华为轰轰烈烈的变革与自我批判中，这场运动源于华为这个组织的山头，腐败与惰怠。其实，当任何一个企业发展到一定规模后，山头、腐败与惰怠这样的问题就开始集中出现。

在山头，腐败与惰怠问题中，较为严重的是领袖疲劳症，即管理者疲劳症。华为顾问田涛把组织的惰怠现象称作"组织黑洞"。在田涛看来，华为要想基业长青，就必须要远离"黑洞"，通过强健组织的正能量来战胜"暗能量"。

企业家原意是指"冒险事业的经营者或组织者"。在现代企业中企业家大体分为两类：一类是企业所有者企业家，作为所有者他们仍从事企业的经营管理工作；另一类是受雇于所有者的职业企业家。在更多的情况下，企业

家只指第一种类型，把第二种类型称作职业经理人。[1]

从企业家的定义可以看出，企业家是一群永远富于冒险的经营管理者。在当下中国的创业企业中，最缺乏的就是企业家精神，具体如下：（1）冒险精神；（2）永不懈怠的持续的冒险精神。因此，组织的领袖是否能够保持持续的激情与活力，持续的奋斗精神，才是一个组织的关键，但是光有这个关键还不行，还必须点燃起整个组织的全体参与者、追随者们持续的梦想，持续的激情。[2]

其次是山头主义。在任何一个组织中，都不同程度地普遍存在山头、体系、派别等问题。要想使得组织健康地发展，就必须进行组织变革。一般地，大多数的改革都会围绕铲除山头这个方向来进行。

研究发现，在华为早期的10多年中，山头主义问题曾经非常严重。当然，这主要与华为早期的创业情况关系很大。在创建之初，华为的创业资本仅仅只有2万元，员工不足10个，其主要业务是倒买倒卖交换机。在这样的背景下，活下去是华为当时的唯一使命。华为活下来的关键，就是靠哪位员工能为华为拿到合同，即谁能拿到救命钱，谁能为公司带来产品，谁就是华为的英雄。

华为的草莽阶段可以说是中国民营企业的缩影。在原始积累阶段，企业的发展和壮大都是在个人英雄主义下进行的。华为也不例外，个人英雄文化给华为带来了的高速发展。

华为经过十年发展（1988年～1998年），超越了中国大陆地区的当时所有对手——巨大中华、巨龙、大唐、中兴，然后成为中国大陆地区的冠军企

---

1 牟家和、王国宇.亚洲华人企业家传奇：P11-22[M].北京：新世界出版社，2010.
2 田涛.华为如何进行自我批判？[EB/OL].2014.http://tech.sina.com.cn/t/2013-07-19/13168556033.shtml.

业。然而，当华为成为冠军企业后，带给任正非的却是反思和探索。

在很多初创企业中，创始人、合伙人和员工共患难、求发展时，可以说是上下一心，凝聚力较强。当企业发展到一定规模，特别是赢利后，英雄们的那种英雄情结所衍生的欲望、野心和利益集团之间的那种贪婪的诉求，就常常把这个组织撕裂了，把这个组织的团队精神、凝聚力扭曲了。[1]

在《一江春水向东流》一文中，任正非谈道："到1997年后，公司内部的思想混乱，主义林立，各路诸侯都显示出他们的实力，公司往何处去，不得要领。"

在这样的背景下，任正非请人民大学的教授们，一起讨论一个"基本法"，用于集合一下大家发散的思维，几上几下的讨论，不知不觉中"春秋战国"就无声无息了。

再次是腐败。在人类所有组织中，腐败问题一直是困扰每一个领导者。不仅国家存在，社会组织也同样存在，特别是一个以财富的增长为核心目标的功利性组织——企业中，腐败问题尤为严重。在华为，腐败问题依然存在，据华为顾问田涛提供的数据显示，"华为历史上这种问题也不少，比如关联交易，每年的销售额，10年前也是五六百亿元人民币，五六百亿元人民币要靠大量的供应商支撑的。这里面当然就会产生关联交易问题。2006年，在马尔代夫的一家度假酒店，公司召开了一次高层会议，专门讨论清理关联交易。从任正非开始，所有公司高层跟华为有关联交易的亲戚朋友的公司全部进行清理。在此基础上进行从上到下的干部廉政宣誓活动，从此这个事情就坚持下来了。今天还有没有？我相信现在少多了，但是，关键还需在制度

---

1 田涛.华为如何进行自我批判? [EB/OL].2014.http://tech.sina.com.cn/t/2013-07-19/13168556033.shtml.

上解决问题。[1]"

为了解决腐败问题，华为为此设立了一个审计部，华为上至任正非，下至每一个一线员工，所有报销单都必须审计。据说，任正非有一次去日本出差，把酒店洗衣服的费用也填到报销单里，其后被审计查出来了。审计部的经理于是找任正非"谈话"，不仅要让任正非退回报销的洗衣服的费用，还得写检讨。

华为规定，所有人在乘坐飞机时，都不能坐头等舱，尽管任正非已过70岁了。只要任正非坐头等舱，那么任正非就要把多出的费用给补上。所以，任正非每出一次国，也就得"补"一次。

在华为的三个黑洞中，华为顾问田涛直言，华为其实最最可怕的不是腐败和山头问题，而是惰怠，是组织疲劳。历史是最可怕的敌人，一个人青少年时期生机勃勃，什么错误都可以犯，也敢犯，也犯得起，一个组织也是如此，早期可以不断去尝试失败，在失败中找到成功的路径。但到一定阶段，当这个组织有了历史，组织就开始慢慢变的板结起来。控制多一点儿，还是控制弱一点儿，常常是一个无解的话题。[2]

---

1 田涛.华为如何进行自我批判？[EB/OL].2014.http://tech.sina.com.cn/t/2013-07-19/13168556033.shtml.

2 田涛.华为如何进行自我批判？[EB/OL].2014.http://tech.sina.com.cn/t/2013-07-19/13168556033.shtml.

第十一章

"鲜花插在牛粪上"：基于存在的基础上去创新

华为长期坚持的战略，是基于"鲜花插在牛粪上"战略，从不离开传统去盲目创新，而是基于原有的存在去开放，去创新。鲜花长好后，又成为新的牛粪，我们永远基于存在的基础上去创新。

——华为创始人　任正非

"鲜花"插在"牛粪"上的战略逻辑

在很多企业内部培训中，一些学员总是在探讨一个非常古老而有趣的话题——为什么"鲜花"又插在了"牛粪"上。在这些学员眼中，总是看到很多漂亮的、高挑的女同事嫁给了"薪水不多"、"身高又不高"、"家庭又不富裕"的"三不牛粪男"。

于是，这些员工总是很困惑，甚至是不理解，这个世界到底是怎么了？其实，答案很简单。在"鲜花"看来，"因为牛粪能给鲜花养分，使鲜花能够更美更艳。"在很多企业中，由于资源——资金、人才、技术积累等限制，这就要求在创新时，要尽可能地切合企业的实际发展。如华为曾在创新的道路上，盲目地学习与跟随西方公司，有过很多的教训。所以任正非曾在多次讲话中提到，华为长期坚持的战略，是基于"鲜花插在牛粪上"战略，是从不离开传统去盲目创新，而是基于原有的存在去开放，去创新。鲜花长好后，又成为新的牛粪。华为要永远基于存在的基础上去创新。[1]

可能读者不明白华为基于存在的基础上去创新，在第二期品管圈活动汇报暨颁奖大会上，任正非基于存在的基础上去创新做了详细的介绍：

大家也很明确，华为的通信产品技术事实上好过西门子，但是为什么西门子没有我们这么多的销售人员，却有跟我们相差不大的销售额？他们产品稳定，问题少呀，而华为公司产品不够稳定，而且中央研究部不大愿意参加QCC活动呀。什么叫做客户满意度？客户的基本需求是什么？客户的想法是什么？他把客户的想法未经科学归纳就变成了产品，而对客户的基本需求不予理会，产品自然做不稳定。他盲目地自以为是创新，他认为做点新东西就是创新，我不同意这个看法。

我刚才看了"向日葵"圈，他们就是创新呀，因为把一个不正确的东西，把它不正确率大幅度下降了。他们付出了巨大努力，找到了里面的规律，就是创新。特别是我们研发系统，一个项目经理上台以后，生怕别人分享他的成果，因此就说所有这个产品的所有东西都是他这个项目组研究的。那我就给中央研究部的干部部说一句话，像这样的人不能享受创业与创新奖，不能因为创业、创新就给他提升晋级，而且他不能做项目经理，他实在幼稚可笑。

华为公司拥有的资源，你至少要利用到70%以上才算创新。每一个新项

1　中国企业家.任正非总结华为成功哲学:跳芭蕾的女孩都有一双粗腿[J]. 中国企业家，
　　2014（10）.

目下来，就应当是拼积木，只有最后那一点点才是不一样的，大多数基础都是一样的。由于一些人不共享资源地创新，导致我们很多产品进行了大量的重复劳动，根本就不能按期投产，而且投产以后不稳定。

上一次我看了中央研究部有一个组织奖，这一次看来还有一个BOM清单（中试水晶）组得奖，所以我想，我们很快要开展什么叫做核心竞争力、什么叫做创业、什么叫做创新的大讨论。我希望每个人都要发言，特别是你们做了小改进的。你光看他搞了一个新东西那不是创新。

我刚才讲了研发系统，有些项目研发的时候连一个简单东西都自己开发，成本很高，他不是创新，他是消耗、浪费了公司的宝贵资源。一个大公司，最体现降低成本的措施就是资源共享。人家已经开发的一个东西我照搬过来装进去就行了，因为没有技术保密问题，也没有专利问题，装进去就行了，然后再适当做一些优化，这样才是真正的创新。那种满脑子大创新的人实在是幼稚可笑的，是没有希望的。

我们非常多的高级干部都在说空话，说话都不落到实处，"上有好者，下必甚焉"，因此产生了更大一批说大话、空话的干部。现在我们就开始考核这些说大话、空话的干部，实践这把尺子，一定能让他们扎扎实实干下去，我相信我们的淘汰机制一定能建立起来。

在这个讲话中，任正非始终在强调创新要坚持传统，基于原有的存在去开放，去创新，而不是去盲目创新。在任正非看来，企业的竞争实质不仅仅是专利技术的竞争，同时还是具体情况具体分析的创新。

任正非是这样解释的："我的一贯主张'鲜花是要插在牛粪上'。我从来不主张凭空创造出一个东西、好高骛远的去规划一个未来看不见的情景，我认为要踩在现有的基础上前进。……世界总有人去创造物理性的转变，创造以后，我们再去确定路线。我们坚持在牛粪上去长出鲜花来，那就是一步一步的延伸。我们以通信电源为起步，逐步地扩展开。我们不指望天上掉下林妹妹。"

专利并不一定非要是发明创造

在前一段时间，一篇名为《华为中兴给小米等发函维权 国产手机将打专利战》的文章再次搅动着手机行业这根较为脆弱的神经。一些分析师认为，此举是中兴华为以侵犯专利为由来遏制小米等手机品牌海外扩张。

这样的看法看似有道理，其实并不其然。客观地讲，小米国际化，专利是一道不得不迈过的一道坎。比如，小米的外观设计，让很多消费者一看就知道是在借鉴苹果的产品，部仅仅是小米手机，而且小米平板也借鉴苹果的IPAD。因此，我认为，狙击小米的不是华为和中兴，而是苹果和三星。

关于外观设计，我曾经在《没落的诺基亚》一文中就批评过三星模仿苹果的外观。该文内容摘选如下：

数据显示，截至2012年第三季度，诺基亚公司已经连续六个财季亏损。在此刻，如果我是诺基亚的企业股东，我现在做的第一件事情就是让斯蒂芬·埃洛普（Stephen Elop）滚蛋，因为自2010年9月21日担任诺基亚总裁兼首席执行官以来，诺基亚不仅没有保住霸主的地位，相反，还让一个山寨大王三星抢占了风头。

这是一件非常不能容忍的事情。如果诺基亚败给苹果，这个现实至少我能接受，毕竟苹果的外观设计和OS系统的用户体验要比诺基亚要好一些。而败给三星的现实却不能接受。

可能读者会问，败给苹果可以接受，但是败给三星却不能接受呢？这主要是因为三星靠模仿苹果的外观设计赢得了这一轮较量的胜利。

在几年前，曾经有教授说三星光外观设计师有数百人，如果这样的事实真的如此，那么三星就是全球最大山寨大王就实至名归。下面是苹果和三星的产品比较，见图11-1、11-2。

从图11-1和图11-2比较就不难看出，三星模仿苹果的外观设计也就非常清楚。这也就是2011年4月，苹果指控三星电子侵犯了其智能手机多项专利。在经过长达一年多的诉讼后，三星最终败诉，被判向苹果支付高达10.49亿美元的罚金。[1]

在2010年，对于诺基亚和三星来说，都是一个分水岭。《南方周末》记者就曾披露过，三星外观设计的转型。但2010年之后，三星的战略就发生了变化。三星中国公司的一位内部员工告诉《南方周末》记者，在此之前，他们研究的目标主要是诺基亚，所有的努力都集中于翻盖、直板和滑盖元素，但三星的用户体验与苹果iPhone对比时，却存在天壤之别。据这位员工透露，危机感和紧迫感促使三星的设计师和工程师采用了最符合iPhone外观和感觉的理念。[2]

《南方周末》还谈到，2010年，三星推出了首款搭载Google Android系统和自家TouchWiz用户界面的Galaxy S手机。与以往同时推出多款机型不同的是，这一次，三星并没有推出多个型号，而只将这一款手机作为自家的旗舰产品，几乎与苹果的战略如出一辙。（《南方周末》）[3]

---

1 陈新焱，周冯灿.三星靠什么赶超苹果[N].南方周末，2012-12-01.
2 陈新焱，周冯灿.三星靠什么赶超苹果[N].南方周末，2012-12-01.
3 陈新焱，周冯灿.三星靠什么赶超苹果[N].南方周末，2012-12-01.

图11-1　苹果iPhone 3G和三星I9100 GALAXY SII

图11-2　苹果ipad和三星平板电脑图

研究发现，从2011年到2013年的几年间，苹果与三星的专利对决已经日趋激烈化，不仅双方在全球发起了数十场专利诉讼，"禁售"、"索赔"等字眼不断出现。在国际化进程中，当初的三星面临的问题，如今的小米也同样遭遇。业内人士认为，随着国内手机市场竞争的白热化，专利作为竞争手段也只是时间的问题。

对此，时任中国专利保护协会秘书长胡佐超认为，"中国企业需要明确的是，专利申请是市场竞争的要求和结果。对于企业来说，专利并不一定非要是发明创造，只要有市场和商业价值，就是有用的专利。"

在创新型企业试点工作会议上，时任科学技术部部长徐冠华坦言："当今时代，全球科技创新成果不断涌现，科技竞争日益激烈，科技进步与创新已成为影响和推动世界经济、政治格局的主导性力量。在此过程中，创新能力强的跨国公司成为全球经济和科技活动的主角之一。[1]"

徐冠华举例说，据统计，全球跨国公司的总数已超过6万个，产值约占全球总产值的四分之一，贸易额占国际贸易额的60%，技术贸易占60%~70%，专利和技术许可费占98%。当今世界经济强国，其竞争力主要就是体现在掌握核心竞争力的跨国公司身上，如美国的通用、微软、英特尔，德国的大众、西门子、博世，日本的丰田、索尼、松下，韩国的现代、三星、LG。特别是作为后发国家的日本、韩国，在战后不到30年的时间里就步入世界经济强国和创新型国家的行列，正是得益于一批创新型企业群体的骨干和引领作用。[2]

研究发现，在中国改革开放30多年的时间里，在改革开放中成长起来的一批充满企业，也充满了创新活力，而且正在高速地成长，如华为、格力、中兴通讯、海尔、联想、奇瑞、吉利、华中数控、神华、宝钢等。

---

1 徐冠华.徐冠华在创新型企业试点工作会议上的讲话[N].科技日报，2007-02-27.
2 徐冠华.徐冠华在创新型企业试点工作会议上的讲话[N].科技日报，2007-02-27.

资料显示，华为持续以超过10%的销售收入投入研发，现有6万多名员工中有48%从事研发，2006年研发投入超过70亿元，累计已申请专利19000余件，获得专利授权2700余件。[1]

在中国企业中，除了华为，格力电器也同样注重研发，据公开资料显示，在2011年、2012年，连续2年，格力电器仅仅用于空调相关技术研发的费用投入都超过30亿元。不仅如此，格力电器目前拥有5000多人的技术研发队伍、400多个国际一流的实验室。此外，格力还创立了制冷技术研究院、家电技术研究院和机电技术研究院等多个技术研发中心，为将来的科技创新提供源源不断的技术支持。[2]

正是格力电器重视研发和产品创新，格力电器才取得了重大创新——在国内外拥有技术专利超过8000项，其中发明专利2000多项以及9项"国际领先"水平的科技成果，是中国空调企业中拥有技术专利最多的企业。

对此，天津大学教授马一太教授在接受媒体采访时高度评价了格力电器重视研发的做法："近年来，格力多次打破国际的技术垄断，从国内领先到国际领先，先后发布了双级变频压缩技术、1赫兹变频技术、高效直流变频离心机等一批重量级的自主创新成果。" 马一太教授还表示，"格力让中国空调变成全球制冷业的主旋律，为民族空调品牌走向世界做出了卓越贡献。"

技术开发的动力是为了华为更好地生存

2010年11月29日，华为正式面向全球发布了云计算战略及端到端的解决

1 徐冠华.徐冠华在创新型企业试点工作会议上的讲话[N].科技日报，2007-02-27.
2 申明.格力电器：挺起中国制造的创新脊梁[N].科技日报，2013-03-08.

方案。其云计算解决方案包括Single CLOUD云平台解决方案和电信应用云解决方案。在发布会上，任正非发言时表示，"我们在云平台上要在不太长的时间里赶上、超越思科，在云业务上我们要追赶谷歌。" 任正非同时称，"让全世界所有的人，像用电一样享用信息的应用与服务。"

可能读者会好奇地问，是什么样的底气让任正非断言，在云平台上要在不太长的时间里赶上、超越思科，在云业务上要追赶谷歌呢？究其原因，是基于存在的基础上去创新研发。

在发布会上，任正非还谈道：

"华为长期坚持的战略，是基于'鲜花插在牛粪上'战略，从不离开传统去盲目创新，而是基于原有的存在去开放，去创新。鲜花长好后，又成为新的牛粪，我们永远基于存在的基础上去创新。在云平台的前进的过程中，我们一直强调鲜花要插在牛粪上，绑定电信运营商去创新，否则我们的云就不能生存。我们首先是基于电信运营商需求来做云平台、云应用。与其他厂家从IT走入云有不同。我们做的云，电信运营商马上就可以用，容易促成它的成熟。

"我们在云平台上要在不太长的时间里赶上、超越思科，在云业务上我们要追赶谷歌。让全世界所有的人，像用电一样享用信息的应用与服务。"

在任正非看来，华为能够存在，是华为长期坚持的战略，是基于"鲜花插在牛粪上"战略，从不离开传统去盲目创新的结果。王育琨在《1000亿华为和任正非的六个支点》一文中写道——存在是意志的产物。（英国）生物学家理查德·道金斯（Clinton Richard Dawkins）发现，在人类的社会生活中存在一种与生物基因同等功能的文化基因——米姆，是米姆推动着社会进化的进程。借用道金斯的发明，我们把华为硬汉们以技术为本的精神称为"华为米姆"。而中国五千年来所形成的民族心理素质和技术素质，都不足以支撑一流的全球化大公司。[1]

当任正非看到这个致命的忧患时，毅然选择了一条充满风险的、技术自立、发展民族高新技术的实业之路。在当时的中国交换机市场上，大型局用机和用户机基本来自国外的电信企业及其在国内的合资企业，在通信圈中的人都非常清楚这个行业的风险性。所以，很多人不理解为何华为公司放着唾手可得的钱不赚，却去劳神耗财地搞科研，"实在太傻了"。[2]

面对这样的评论，任正非却有自己的见解，任正非解释说："华为最基本的使命就是活下去。技术开发的动力是为了生存。"

任正非的判断是正确的，在通讯行业，一个铁的法则是——谁掌握了核心技术，谁就掌握了市场竞争的战略高地。唯有立于核心技术这个战略高地，才可以江河高下，势不可挡。华为还在刚刚能吃饭的时候，就义无反顾地把大量的资金投入研发，投入强度一直保持在利润额的10%以上。华为拥有超过1万人的研发队伍，其研发经费的70%用于基于当前客户的产品研发，尤其重视运营商具体问题的解决方案。近几年的投入都是每年70亿元人民币以上。[3]

任正非重研发的举动得到了一批中国企业家的认可。如联想的杨元庆。2001年，杨元庆参观华为时，任正非接待了他，当杨元庆把自己要加大研发投入，做高科技的联想的想法告知任正非后，任正非告诫杨元庆说道："开发可不是一件容易的事，你要做好投入几十个亿、几年不冒泡的准备。"

任正非的告诫可谓是善意提醒，因为对于诸多中国企业来说，都知道创

1　王育琨.1000亿华为和任正非的六个支点[EB/OL].2014.http://my.icxo.com/266600/viewspace-80835.html.

2　王育琨.1000亿华为和任正非的六个支点[EB/OL].2014.http://my.icxo.com/266600/viewspace-80835.html.

3　王育琨.1000亿华为和任正非的六个支点[EB/OL].2014.http://my.icxo.com/266600/viewspace-80835.html.

新对企业发展的巨大作用，但是却在实际的研发和投入中，往往投入不足。中国企业的这个严峻问题引起了时任中国企业评价协会副秘书长李春伟的重视。

在2008年中国企业自主创新评价报告发布会上，时任中国企业评价协会副秘书长李春伟表示，中国企业自主创新仍存在很多问题。他说："我国企业的自主研发经费占销售收入比例的平均值仅为3.8%，发达国家的经验表明，研发经费的投入只有占到企业销售收入的5%以上，企业才有竞争力，2%的企业只能够勉强生存，而1%则很难生存。"

据调查数据显示，在"2008年中国企业自主创新TOP100"中，约20家企业的研发投入与销售收入的比例不足2%，仅有约40家企业的比例超过5%。

中国企业评价协会研究专员冯陈晨在接受媒体采访时坦言，中国企业自主研发的经费投入的比例"太低了"。冯陈晨的理由是："TOP100企业尚只能达到如此水平，其他企业的情况可想而知。来看看几个跨国企业的研发投入水平，总部设在德国的化工业巨头拜耳公司，每年的研发投入与销售收入的比例都保持在7%以上；同样位于德国的电子电器类巨头西门子公司的研发投入与销售收入的比例也都保持在8%，有时甚至达到了10%以上。"

上述数据显示，中国企业与国外的创新企业相比，明显存在投入和研发不足等问题。很多中国业依然倾向"轻技术，重销售"。在"2008年中国企业自主创新TOP100"中，TOP100企业的生产设备先进程度分布情况为：国际先进生产设备约占22%，国际一般生产设备约占17%，国内先进生产设备约占34%，国内一般生产设备约占21%，其他生产设备约占6%。[1]

随着中国企业上市步伐的加快，上市企业信息的披露也就越来越公开。一些上市企业为了提高其核心竞争力，不得不投入资金研发新技术，而上市

1　陶涛.企业自主研发经费仅占销售收入3.8%[N].中国青年报，2009-07-13.

公司巨额的研发投入无疑影响企业现在和未来业绩，甚至这些上市公司披露的研发信息左右投资者的购买决策。

据2000～2006年公布的年度财务报告显示，在上市公司中，其研发费用信息通常在年报的附注中加以披露，具体在"预提费用"、"待摊费用"、"管理费用"、"专项应付款"，以及"支付的其他与经营活动有关的现金"等会计科目中披露出来。

从2000～2006年各年的统计数据来分析，在"支付的其他与经营活动有关的现金"明细项目下，大多数上市公司用"研究与开发费"、"技术开发费"和"研究开发费"披露企业的研发费用金额，总体披露研发费用金额的情况，如表11-1所示[1]。

表11-1　2000～2006年上市公司研发费用披露情况

	2000	2001	2002	2003	2004	2005	2006	合计
A（农林牧渔业）	0	1	0	1	1	3	2	8
B（采掘业）	0	1	1	1	2	2	3	10
C（制造业）	40	51	83	98	109	123	129	633
D（电力、煤气及水的生产和供应业）	1	3	2	3	2	2	3	16
E（建筑业）	1	0	0	2	5	4	5	17
F（交通运输、仓储业）	0	0	0	0	1	1	1	3
G（信息技术业）	6	9	9	13	20	21	18	96
H（批发和零售贸易）	0	1	2	2	1	2	3	11
J（房地产业）	1	1	0	1	1	0	0	4
L（广播电影电视业）	1	0	0	0	0	0	1	2
M（综合类）	0	2	1	3	2	2	5	15
披露公司数	50	69	98	124	144	160	170	815
上市公司数	572	646	715	780	837	834	842	5226
披露比例	8.74%	10.68%	13.71%	15.90%	17.20%	19.18%	20.19%	15.60%
制造业比例	78.43%	72.86%	83.84%	77.78%	74.66%	75.93%	75.00%	77.67%
信息技术业比例	11.76%	12.86%	9.09%	11.11%	14.38%	13.58%	11.05%	11.78%
增长比率	1.00	1.22	1.57	1.82	1.97	2.19	2.31	—

1　侯晓红，干巧.我国上市公司研发费用披露现状分析及对策[J].工业技术经济，2009（2）.

表11-1中可以看出，在2000～2006年，上市公司各年度披露的研发费用在逐年上升——在2000年，披露的研发费用的上市公司数量才50家，但是到2006年，披露的研发费用的上市公司数量达到了170。以2000年～2006年各年度披露的研发费用的公司数占上市公司数的比例来看，2000年占总数的8174%；2001年占总数的10168%；2005年占总数的19118%；2006年则达到20119%。以各年度披露研发费用的公司增长比率来看，2001增长1122倍；2002年增长1157倍；2005年增长了2119倍；2006年则为2131倍，见图11-3[1]。

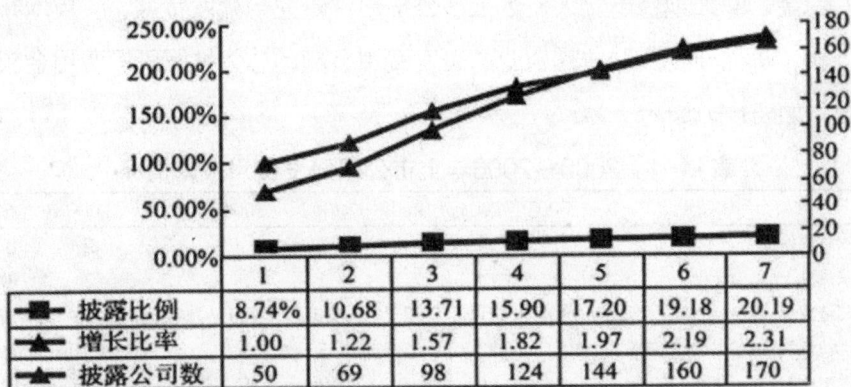

	1	2	3	4	5	6	7
披露比例	8.74%	10.68	13.71	15.90	17.20	19.18	20.19
增长比率	1.00	1.22	1.57	1.82	1.97	2.19	2.31
披露公司数	50	69	98	124	144	160	170

图11-3　2000～2006年中国企业研发费用披露的趋势情况

在图11-3中，较为直观地反映2000年～2006年中国企业研发费用披露的趋势情况呈现上升的趋势，而披露的中国企业占上市公司的比例(披露比例)也呈上升趋势且以25%的比率增长。

尽管华为不是上市公司，但是在研发费用投入这一块，从来都不吝啬的。因为任正非清楚，技术开发的动力是为了华为更好地生存。在当时，任正非却危机重重，其理由是："华为有5000多项专利，我们每天产生3项专

1　侯晓红，干巧.我国上市公司研发费用披露现状分析及对策[J].工业技术经济，2009（2）.

利，但我们还没有一项应用型的基本专利。"

为了能够更好地推动创新，华为坚持把每年收入的10%投入研发的企业。2006年，华为的"下一代网络"（Next Generation Network，简称NGN，又称为次世代网络）亏损超过10亿元、3G亏损超过40亿元。

尽管两个项目面临严重困损，但是任正非对技术研发的投入丝毫没有洞眼。2008年，华为凭借1737件专利申请，首次占据全球专利申请公司（人）首位，截至2008年12月底，华为累计申请专利达到35773件。

2009年，在4G领域，华为更是凭借147件专利跻身全球第四，在全球电信设备商中位居第二，在截至2009年8月底的1272件全球LTE专利申明总数中，华为占到12%的份额。LTE优势让华为进一步获得了突破欧美等主流市场的利器。北美是目前华为唯一没有实现大规模突破的战略性市场。[1]

2013年，华为向欧洲专利局递交了1077份欧洲专利申请，位列第11名。2013年，欧洲专利局共收到266000项专利申请，其中的1077项专利来自于华为。截至2013年12月，华为在欧洲的专利数量已经达到7300项。

1　马晓芳.华为购加长奔驰服务客户 专利申请全球第一[N].第一财经日报，2009-12-31.

第十二章

"丹柯"："以客户为中心"，而不是"以技术为中心"

丹柯是一个神话人物，他把自己的心掏出来，用火点燃，为后人照亮前进的路。我们也要像丹柯一样，引领通讯产业前进的路。

——华为创始人　任正非

从"以技术为中心"向"以客户为中心"转移

"爆竹声中一岁除，春风送暖入屠苏。" 任正非用宋代大诗人王安石《元旦》一诗中的后一句作为2010年新年贺词的标题，足以体现任正非此刻的心情。

的确，发布新年贺词并非是华为的惯例，但是由任正非亲自署名的情况却并不多见。可见，在金融危机之后的这几年，实在是不同寻常，对华为意义相当重大。

2010年8月30日前夕，尽管华为的发展一场顺利，但是作为华为掌舵者的任正非此刻并不平静，因为在他脑海中却经常浮现俄国著名作家高尔基笔下的那个名叫"丹柯"的英雄。

在《丹柯的故事》中,故事开头是这样叙述的:

古时候地面上就只有一族人,他们周围三面都是走不完的浓密的森林,第四面便是草原。这是一些快乐的、勇敢的、强壮的人。

可是有一回困难的时期到了:不知道从什么地方来了一些别的种族,把他们赶到林子的深处去了。那儿很阴暗而且多泥沼,因为林子太古老了,树枝密密层层缠结在一块儿,遮盖了天空,太阳光也不容易穿过浓密的树叶,射到沼地上。然而要是太阳光落在泥沼的水面上,就会有一股恶臭升起来,人们就会因此接连地死去。这个时候妻子、小孩们伤心痛哭,父亲们静默沉思,他们让悲哀压倒了。

他们明白他们要想活命,就得走出这个林子,这只有两条路可走:一条路是往后退,可是那边有又强又狠的敌人;另一条路是朝前走,可是那儿又有巨人一样的大树挡着路,那些有力的桠枝紧紧地抱在一块儿,纠曲的树根牢牢地生在沼地的粘泥里。这些石头一样的大树白天不响也不动地立在灰暗中,夜晚人们燃起营火的时候,它们更紧地挤在人们的四周。不论是白天或夜晚,在那些人的周围总有一个坚固的黑暗的圈子,它好像就想压碎他们似的,然而他们原是习惯了草原的广阔天地的人。更可怕的时候是风吹过树梢,整个林子发出低沉的响声,好像在威胁那些人,并且给他们唱葬歌。

然而他们究竟是些强壮的人,他们还能跟那班曾经战胜过他们的人拼死地打一仗,不过他们是不能战死的,因为他们有应当保存的传统,要是他们给人杀死了,他们的传统也就跟他们一块儿消灭了。所以他们在长夜里,在树林的低沉的喧响下面,泥沼的有毒的恶臭中间,坐着想来想去。他们坐在那儿,营火的影子在他们的四周跳着一种无声的舞蹈,这好像不是影子在跳舞，而是树林和泥沼的恶鬼在庆祝胜利……

　　人们老是坐着在想。可是任何一桩事情——不论是工作也好，女人也好，都不会像愁思那样厉害地使人身心疲乏的。人们给思想弄得衰弱了……恐惧在他们中间产生了，绑住了他们的强壮的手，恐怖是由女人产生的，他们伤心地哭着那些给恶臭杀死的人的尸首和那些给恐惧抓住了的活人的命运，这样就产生了恐怖。林子里开始听见胆小的话，起初还是胆怯的、小声的，可是以后却越来越响了……他们已经准备到敌人那儿去，把他们的自由献给敌人；大家都给死亡吓坏了，已经没有一个人害怕奴隶的生活了……然而正是在这个时候出现了丹柯，他一个人把大家全搭救了。[1]

　　该故事与华为的处境非常相似。据年报显示，华为2009年全球销售收入1491亿人民币，同比增长19%。净利润达到183亿人民币，净利润率为12.2%。2009年华为实现217亿人民币经营性净现金流，同比增长237%。截止2009年12月31日，华为持有292亿人民币现金。

　　尽管取得较好的成绩，但是思科、爱立信、诺基亚西门子的实力不容小觑。以2008年为参考，思科当年销售额为395亿美元、爱立信为252亿美元、阿尔卡特朗讯为215.7亿美元、诺基亚西门子为194.4亿美元。

　　任正非脑海中浮现的英雄"丹柯"就源于这个传说，大概意思是：一群生活在草原上的人被别的种族赶到了森林里。在森林中，死亡笼罩着他们，只有走出森林，才有一线生机。这时候，英雄丹柯出现了，他提出由自己领导大家逃出森林。道路很艰难，雷声隆隆作响，不知走了多久，大家筋疲力尽，有人开始埋怨起来，还有人对丹柯严厉指责。为了让族人停止毫无作用

1　【俄】高尔基著：瞿秋白、巴金、耿济之、伊信译.高尔基短篇小说选：P126-127[M].
　北京：人民文学出版社，1980.

的抱怨和尽快带领他们走出密林，丹柯毅然地用手抓开自己的胸膛，拿出了自己的心，高高举过头顶，照亮了前进的路，人们全都惊呆了，于是大家义无反顾地跟着他。终于，丹柯用他的心带领大家走出了森林，走出了黑暗，看到了生的希望。丹柯死了，他的心变成了草原上的星星，永远闪烁。[1]

任正非把那些通信业的领路人比喻成丹柯。他的理由是——现在我们已经走在了通讯业的前沿，要决定下一步该怎么走，其实是很难的。正如一个人在茫茫的草原上，也没有北斗七星的指引，如何走出去。这20年，我们占了很大的便宜，有人领路，阿尔卡特、爱立信、诺基亚、思科等都是我们的领路人。现在没有领路人了，就得靠我们自己来领路。领路是什么概念？就是"丹柯"。丹柯是一个神话人物，他把自己的心掏出来，用火点燃，为后人照亮前进的路。我们也要像丹柯一样，引领通讯领域前进的路。这是一个探索的过程，在过程中，因为对未来不清晰，可能会付出了极大的代价。但我们肯定可以找到方向的，找到照亮这个世界的路，这条路就是"以客户为中心"，而不是"以技术为中心"。我们并将这些探索更多地开放与伙伴共享。我们不仅会有更多的伙伴，而且更加不排外，愿意与不同价值观的对手加强合作与理解。

在任正非看来，华为凭借以前西方公司领路，才有效地找到发展的道理，而今华为也要参与领路了，所以才慢慢探索。

任正非坦言：研发正处在一个从"以技术为中心"，向"以客户为中心"转移的时期。我们应该承认，研发这20年来取得了很大的成绩。我和很多国际大公司的领导人沟通的时候，他们都认为电信行业是一个门槛很高的行业，他们没想到华为敢攀这个门槛，更让他们不可想象的是，西方企业花

---

1 中国企业家.任正非总结华为成功哲学:跳芭蕾的女孩都有一双粗腿[J]. 中国企业家，2014（10）.

了100多年，而我们只用了20年就达到了同样的水平，所以我们要肯定研发付出的努力、艰辛和贡献，要肯定研发领导的贡献，贡献的过程甚至是痛苦的。

培育亲客户，而非亲资本和亲技术的文化

几年前，时任摩根士丹利首席经济学家斯蒂芬·罗奇率领一个机构投资团队访问华为总部，任正非没出面会见，只派了负责研发的常务副总裁费敏接待。事后，罗奇有些失望地说："他拒绝的可是一个3万亿美元的团队。"

对于此事，任正非是这样解释的："他罗奇又不是客户，我为什么要见他？如果是客户的话，最小的我都会见。他带来机构投资者跟我有什么关系呀？我是卖设备的，就要找到买设备的人……"

在任正非看来，不是技术，亦不是资本，唯有客户才是华为走向持续成功的根本。华为要培育亲客户的文化，而非亲资本、和亲技术的文化。

任正非与西方公司追求的"以技术为中心"的做法是大相径庭。的确在全球IT 企业普遍"常识迷失"的大背景下，任正非毅然拣起"以客户为中心"这个老掉牙的真理，并长期视为圭臬，必要有其理由，否则一切都是镜中月，水中花。

华为反对短期的经济魔术。当爱立信、思科、摩托罗拉这些竞争对手们都在以"财年、财季"的时点规划未来时，华为是在"以10年为单位规划未来"。华为副董事长徐直军说，这正是华为能够追赶并超越对手的奥秘。[1]

---

1 中国企业家网.任正非：华为为什么不上市？[EB/OL].2014.http://www.iceo.com.cn/renwu/35/2012/1129/260809.shtml.

　　事实证明，在浮躁的当下，不管是美欧，还是中国，成千上万的高科技企业在资本力量和创始人快速致富的贪婪风气的推动下，纷纷搅入资本市场，并被资本意志所控制。华为却能以 10 年为目标来规划"面向客户"的未来。[1]任正非的做法引起了欧洲电信企业经营者的好奇。

　　2010 年 12 月，欧洲某大型电信企业的高管们特地来到深圳华为总部，为了学习华为的"以客户为中心"的战略思想，任正非的授课题目是——"以客户为中心，以奋斗者为本，长期坚持艰苦奋斗"。

　　任正非坦率地说：

　　"这就是华为超越竞争对手的全部秘密，这就是华为由胜利走向更大胜利的'三个根本保障'。

　　"我们提出的'三个根本保障'并非先知先觉，而是对公司以往发展实践的总结。这三个方面，也是个铁三角，有内在联系，而且相互支撑。以客户为中心是长期坚持艰苦奋斗的方向；艰苦奋斗是实现以客户为中心的手段和途径；以奋斗者为本是驱动长期坚持艰苦奋斗的活力源泉，是保持以客户为中心的内在动力。"

　　2012 年 7 月，任正非在一份发言提纲中写道："西方公司的兴衰，彰示了华为公司'以客户为中心，以奋斗者为本，长期坚持艰苦奋斗'的正确。"

　　任正非的判断非常精明，只有以客户为中心，企业才有存在的可能。这也正是任正非的高明之处。华为一位高管举例说：中国人民大学商学院的一批 EMBA（高级管理人员工商管理硕士）学员去英国兰开斯特大学交流访问，在考察了英国工业革命的辉煌历史后，再看今天的英国，感受到很大震撼。学员们向英国教授提到华为，对方教授评价道：华为不过是走在世界上

1　中国企业家网.任正非：华为为什么不上市？[EB/OL].2014.http://www.iceo.com.cn/renwu/35/2012/1129/260809.shtml.

一些曾经辉煌过的公司走过的路上。这些公司在达到顶峰之前也是客户导向的，也是不停奋斗的，但达到顶峰后它们开始变得故步自封，听不进客户的意见了，于是就衰落了。[1]

正是华为"以客户为中心"的客户思想，得到了全球合作者的认可和赞誉。时任华为首席营销官的胡厚昆介绍说："目前华为服务的全球50强运营商已经从2008年的36家上升至45家，更多的运营商认可了我们的独特价值。由于坚持以客户为中心的创新战略，使我们能迅速提供领先解决方案，提升网络性能，减少网络运营成本，不断创新以帮助运营商应对业务挑战；通过提供面向未来的创新网络解决方案，保护运营商建网投资。这就是为何越来越多的领先运营商选择华为作为最佳合作伙伴的原因。"

尽管2010年已经过去好几年了，胡厚昆当时的判断还是很准确的。胡厚昆说："在全球宽带尤其是移动宽带市场发展的驱动下，华为预计主要业务仍将实现稳健增长，销售收入预计增长20%，在固定移动融合、专业管理服务和智能终端等产品与解决方案将有较大的发展空间。"

---

1 中国企业家网.任正非：华为为什么不上市？[EB/OL].2014.http://www.iceo.com.cn/renwu/35/2012/1129/260809.shtml.

（（（（第十三章）））

蛙鼠殒命：收购与兼并获利后面的巨大风险

任正非能透过收购与兼并获利看到其后面蕴藏着巨大的风险，看到企业快速膨胀背后的危机，体现了一个企业创始人和一把手应有的战略眼光和决心。

——《中国企业家》

蛙鼠殒命的战略风险

当联想、吉利汽车、三一重工等中国企业通过并购来扩大自己的市场时，中国企业"走出去战略"似乎是激昂亢奋。

然而，一向行事稳健的任正非却要低调得多，在任正非看来，并购并非是放之四海而皆准的法则，每个企业必须制定符合本企业的并购战略，尽管华为也有过并购的计划，最终因为各种因素而搁浅。

不过，任正非对并购却有着自己的解读，在他看来，并购就像"蛙鼠殒命"的故事一样，一旦不能控制风险，华为就可能遭遇重大危机。每当华为并购目标企业时，任正非都相当慎重。

提及"蛙鼠殒命"，其实是一则寓言故事，故事的大概意思是：

一只老鼠在河边玩耍时，遇见一只英俊的青蛙，青蛙口若悬河地向老鼠介绍游泳的快乐，漂流的趣味，沼泽地里发生的奇闻逸事，老鼠则向青蛙讲述岸边的风景和田间丰富的物产，它们深深被对方吸引住了。

开始的时候，老鼠带着青蛙在地面上旅行，它们一块儿十分开心，但到了池塘边上，老鼠犯愁了，它不会游泳，这时青蛙善解人意地说：不要害怕，我会帮助你的。它让老鼠将爪子搭在自己的后脚上，然后用芦草紧紧地绑在了一起，就这样，它们高兴地开始了水上旅游。

这个时候，一只老鹰看见它们，它俯冲下来抓老鼠，青蛙赶紧往水里潜，但因为老鼠抱住了他的后腿，青蛙的速度大打折扣，最后，老鹰抓住了奄奄一息的老鼠，又因为芦草将它们紧紧地捆在一起，所以青蛙也成了老鹰的战利品。[1]

在该寓言中，在很多时候，作为陆地动物的老鼠和池塘里的青蛙，这两种动物都有其足够的能力来应对老鹰的攻击，从而顺利逃生。然而，由于在老鼠、青蛙和老鹰三者的作用下，恰恰限制了老鼠和青蛙的生存优势，最终使得老鼠和青蛙成为老鹰的盘中餐。

在企业界，类似老鼠和青蛙并购的企业屡见不鲜。2000年1月，美国在线与时代华纳宣布，他们将联合组建世界最大的跨媒体集团，美国在线是网络经济的典型，时代华纳则是传统媒体的中流砥柱。这两家经营者都认为，此次并购是一次不可多得的"世纪联姻"。

---

1 中国企业家.任正非总结华为成功哲学:跳芭蕾的女孩都有一双粗腿[J]. 中国企业家，2014（10）.

然而，让两家经营者没有想到的是，在合并之后没多久，许多潜在的问题就先后暴露出来：这两家企业无论是经营方式还是企业文化都存在巨大差异，管理层也缺乏跨行业管理及整合的经验。2002财年，美国在线时代华纳净亏损987亿美元，这桩"世纪联姻"演变成为"最失败的合并范例"。[1]

![HUAWEI] 并购风险不容小觑

在很多讲话中，任正非经常以"蛙鼠殒命"的故事提醒自己和华为高层经理在并购时要控制风险，否则，华为的结局就可能是"蛙鼠殒命"。在新一轮企业并购潮重新掀起的时候，企业一定要警惕合作是否会使双方在特定时刻丧失了各自的优势，不要让蛙鼠殒命的故事在经营领域一遍遍重演。[2]

在目前，企业收购与兼并的浪潮浪潮一浪高过一浪。根据CVSource（投中研究院）投中数据终端显示，2013年中国并购市场宣布交易案例数量5233起，披露金额案例数量4496起，披露交易规模3328.51亿美元，与2012年同比分别增长17.15%、21.35%、5.72%，并购数量和并购规模均为近7年来最高。2007年至今中国并购市场宣布交易规模呈现平稳上升趋势，其中2013年增势较为明显，交易规模由2007年1050.7亿美元增至2013年的3328.51亿美元，累计增幅达216.79%;平均单笔交易规模由2007年的2735万美元增长至2013年的7403.27万美元，增幅达170.69%，见图13-1[3]。

---

1 章柏幸.蛙鼠殒命[N].环球时报：第十九版，2004-06-30.
2 章柏幸.蛙鼠殒命[N].环球时报：第十九版，2004-06-30.
3 投中统计：2013 年中国企业并购交易激增[EB/OL].2014.http://finance.qq.com/a/20110316/004837.htm.

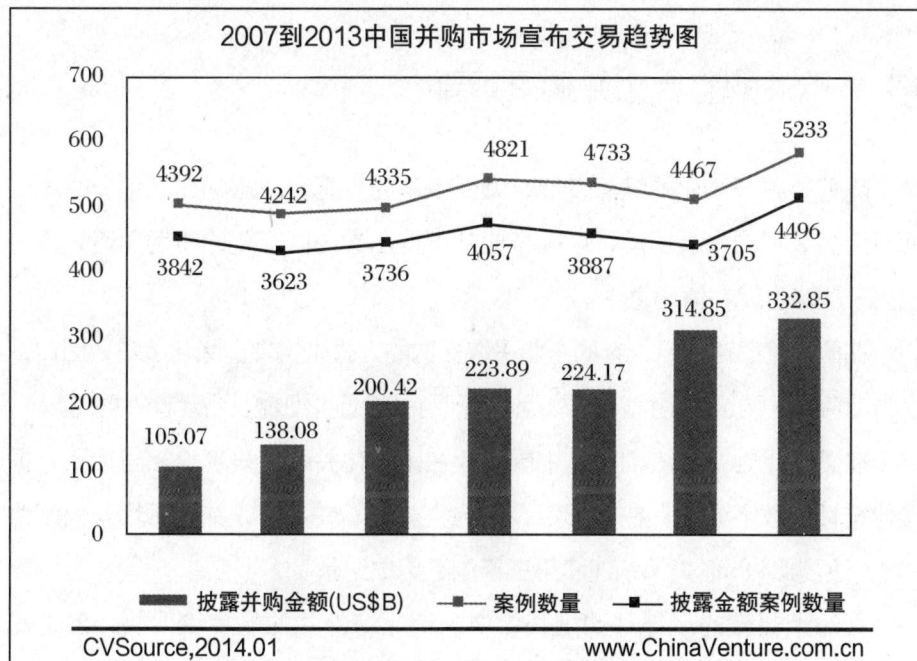

图13-1　2007至2013中国并购市场宣布交易趋势图

上述研究报告的这组数据显示，中国企业通过并购来扩大规模的战略已经初步显现。这样的势态无疑会影响华为高层经理的决策。因此，在很多内部讲话中，任正非希望通过这则寓言，告诫公司管理层，在企业并购潮掀起的时候，要保持头脑清醒，特别是当华为与美国、德国西门子、德国英飞凌，甚至加拿大北电等联姻时，要注意保持发挥双方各自的优势，一定要警惕合作是否会使双方在特定时刻丧失各自的优势，不要让《蛙鼠殒命》的悲剧故事在经营领域里一次次地重演。[1]

1　中国企业家.任正非总结华为成功哲学:跳芭蕾的女孩都有一双粗腿[J]. 中国企业家，2014（10）.

并购后的整合比并购更重要

随着世界一体化的纵深发展，颇受争议的中国企业国际化却备受关注。面对跨国公司的大兵压境，中国企业就不得不参与国际化的市场角逐，"走出去"战略也就在情理之中。

在国际化的路径中，有的企业采取并购的方式来实现国际化战略，因此，在当前跨国并购这个困扰企业国际化的问题引起了中国企业经营者的重视。

在国际化的并购浪潮中，中国企业在国际化并购中表现得相当活跃。据媒体统计的数字显示，在2013年，中国企业海外并购中，并购额增长幅度为30%，达到384.95亿美元，连续第三年创造历史纪录。

面对大幅度的海外并购增长，中国企业海外并购的步伐很快，但是却面临几家欢笑、几家愁的局面，而诸多的中国企业跨国并购依然遭遇诸多尴尬。而这些尴尬主要源于中国企业在跨国并购中所遭遇的三重门——经济威胁论；实际交易的操作难题；整合太难。正是这三重门，使得中国企业跨国并购屡屡失败，其中最大的问题就是经济威胁论。

从2004年联想成功收购美国IBMPC业务后，一些中国媒体把2004年称之为中国国际化元年，也有人把2004年称之为中国跨国并购元年。的确，在国际化道路中，以联想为首的中国企业吹响了国际化的号角。为此，企业国际化由此成为那些野心勃勃的中国企业最热衷讨论的话题之一。

在各国国际化的道路上，都经历了漫长的挫折和荆棘之路。对于今天的中国企业来说，同样如此。像联想、TCL、海尔、格力电器等很多中国企业在国际化道路上，仅仅才迈出了小心翼翼的一步。

当我们梳理这些企业在国际化战略时我们发现，在这个过程中，通常伴随着太多艰难与失意。因此，对于那些企业，特别是在改革开放成长的继续开拓海外市场的中国企业而言，国际化市场对于其生存和发展都显得非常重要。因为在世界经济一体化的时刻，中国企业也不能龟缩在本土，而是必须开拓海外市场，主要是由于跨国公司已经大兵压境，渐渐蚕食中国市场，如果在不国际化，那么中国企业可能就会被困死在本土。

然而，当中国企业国际化时，特别是在国际化的并购中却遭遇了所在国的舆论和安全为借口，使得中国企业三番五次，五次三番地失败而终。这不得不引起中国企业经营者的反思。

当TCL并购法国汤姆逊公司时，立即引起了国内外媒体的大篇幅报道。然而，在2011年，TCL收购汤姆逊的举动，却在6年后成为一个难咽的"苦果"，让TCL损失惨重。

2011年3月14日，TCL集团发布公告称，法国南特商业法庭于2011年3月10日对TTE欧洲公司重组诉讼案的第一令诉讼作出初审判决，要求TCL集团、TCL多媒体及其4家全资子公司向TTE欧洲之法定清盘人赔偿2310万欧元（约2.11亿元）。TCL集团亦同时发表声明表示，坚决反对此初审结果，并会采取一切必要行动"跨国维权"争取驳回判决，同时也不排除与清算官谈判以达成双方均满意的和解方案。有关专家表示，这一诉讼将为中国企业国际化提供警示范例。[1]

从这则公告不难看出，TCL并购法国汤姆逊公司的"跨国姻缘"似乎并不美满，而是纠纷重重。众所周知，中国企业在跨国并购的过程中，毫不夸张地说是难关重重，跨国并购遭遇的阻力难以想象，甚至是全方位的，其中有地缘政治的因素、有市场竞争的因素，更有本土文化的因素。对此，一些

---

1 吴江.TCL并购法国汤姆逊吞苦果 两项索赔超5亿元[N].羊城晚报，2011-03-16.

并购专家坦言，中国企业在跨国并购的过程中，文化整合，以及引导所在国舆论无疑是最困难的。

在跨国并购的过程中，成功的跨国并购案例有：联想成功收购IBM PC业务；联想成功收购IBM低端服务器；联想成功收购成功并购摩托罗拉；吉利成功并购沃尔沃；三一重工成功收购普茨迈斯特……

然而，在成功并购的背后，有一大批中国企业的跨国并购却遭遇失败。这些企业是：中海油无奈退出对优尼科的竞购；中国海尔在美泰收购战中也理智地退出；华为收购连续5年亏损的英国电信设备厂商马可尼……

为什么会遭遇并购失败呢？一个重要的因素就是文化，以及引导所在国舆论。对此，海尔集团首席执行官张瑞敏坦言，"收购最大的难题不在资金，中国企业国际化，最大的忧虑是文化整合。"

张瑞敏发出这样的感慨是因为并购美泰失败后，当海尔计划收购美泰时，作为海尔首席执行官的张瑞敏始终保持低调。结果却遭遇并购失败。让中国人非常意外的是，在跨国并购过程中，中国企业对并购标的物的出价往往是最高的。

当我们反思海尔和中海油的并购失败原因时，我们发现，中国企业跨国并购失败一个惊人的共同点——竟然是民意舆论导致并购失败。

众所周知，民意舆论并购目的地的文化的具体体现。在海尔和中海油并购过程中，民意舆论就注定了两个企业的并购失败。

据《华尔街日报》的一项调查显示，在受访的1000名美国人中，竟然有73%的受访者支持政府拒绝中海油并购优尼科。当所在国民众反对中海油并购优尼科时，中海油就已经失去了并购优尼科的机会。究其原因，接受这些调查的美国人主要是受到了美国主流媒体的主导。这其实不过是不同国家、不同的文化所致而已。

事实上，在中国企业跨国并购中，遭遇所谓的所在国的"国家安全"只不过是一个借口，其实是被并购的所在国民意舆论而已。

不可否认，面对被并购的所在国公众舆论的较力，这无疑给中国企业跨国并购增加了诸多的不确定性因素。研究发现，被并购所在国舆论，其核心就是此次并购会不会影响国家的经济安全，会不会引发就业水平急剧变化，会不会涉及产品知识产权，等等。

面对所在国舆论时，由于中国企业不知道如何来减少这些舆论阻力，事先也没有一套的完善的解决办法。只知道用本土并购的办法去应对，甚至有的中国企业在并购过程中，竟然高调声称自己的价格比竞争者要高许多倍。中国企业这样的举动无疑加倍地造成了当地产业的恐慌情绪，其抵触情绪自然就更高了。因此，可以说，在中国企业跨国并购中，阻碍中国企业跨国并购的一个主因是所在国公众舆论而"非市场偏见"。

反观海尔并购美泰和中海油并购优尼科，当并购遭遇所在国公众舆论时，海尔和中海油的管理层不仅没有向所在国公众解释此次并购的目的和用意，也没有有效利用美国媒体，尤其是具有辐射力的电视来释放并购的目的和战略，也没有应对美国媒体和公众的舆论质疑，而海尔和中海油的竞争对手，在美国媒体和公众面前表述了并购企业的战略，赢得并购也在情理之中。

对此，美国麦肯锡公司咨讯师乔纳森·沃特尔（Jonathan Woetzel）介绍说，统计数字显示，中国企业发起的数次并购，在并购过程中大都处于劣势，其中七成以失败告终。不可否认，70%的跨国并购失败，一个重要原因就是没有勇于面对媒体，解释媒体和公众的质疑。

第十四章

黑寡妇&主流汇聚：开放、合作、实现共赢

以前华为跟别的公司合作，一两年后华为就把这些公司吃了或甩了，这是"黑寡妇"的做法。而今天华为要改变这个现状，要开放、合作、实现共赢。

———华为创始人　任正非

开放、合作，实现共赢

不管是美国经济专栏作家托马斯·弗里德曼提出的"地球是平的"，还是当下的互联网思维，其共同的特性就是开放、合作，才能实现共赢。

在这样的背景下，华为的生存和发展也不例外，只有坚持开放、合作，才能赢得客户的认可。一味地挤压合作伙伴来获得发展的路径，被任正非称之为"黑寡妇"蜘蛛。

"黑寡妇"蜘蛛可能是世界上声名最盛的毒蜘蛛了，其声名远扬并不是被"黑寡妇"蜘蛛的毒性，只是因为"黑寡妇"蜘蛛在交配过程中慢慢吃掉配偶，作为自己孵化幼蜘蛛的营养。因此，民间才把这种毒蜘蛛取名为"黑寡妇"。

据公开资料显示，"黑寡妇"蜘蛛身体为黑色，腹部有红色的沙漏状图案，雄蜘蛛腹部有红色斑点，身长在2厘米～8厘米之间，这是其标志性特征。

事实上，由于"黑寡妇"蜘蛛的颜色花纹具有多种多样，因此颜色花纹并不是"黑寡妇"蜘蛛之间的唯一区别。可以从猎食方法、外形特征、网的编织、卵包的形状、躲避场所、体型大小、交配方式等不同角度来区别。有的生物学家从毒性方面来区分雌雄，因为成体雄性是没有毒腺的。

当然，由于"黑寡妇"蜘蛛的毒性目前还没有规范的等级，无论它属于哪一种。当人类被雌性"黑寡妇"蜘蛛叮咬后，人类死亡的风险只有5%。不过， 旦人类被肯尼亚白寡妇或者花背红寡妇（被认为是毒性最低的品种）叮咬后，依然令人类无法忍受其巨疼。

究其原因，就算是被"黑寡妇"蜘蛛轻微的叮咬，其毒性直接影响到中央神经系统和肌肉组织。一个黑寡妇叮咬过的受害者将立即感到急性的严酷疼痛，这是因为，毒素直接刺激受害者的"过度敏感"的中枢神经系统，并带来其他的一些令人不愉快的副反应。[1]

任正非以"黑寡妇"蜘蛛来比喻在企业的发展中，有的经营者一味地挤压合作者的利润来获得发展，结果合作者被吃掉。为此，在2010年PSST体系干部大会上，任正非为《以客户为中心，加大平台投入，开放合作，实现共赢》为题强化开放、合作，实现共赢的新思维。

任正非说："在最近的人力资源管理纲要研讨会上，我讲了要深刻理解客户，深刻理解供应伙伴，深刻理解竞争对手，深刻理解部门之间的相互关系，深刻理解人与人之间的关系，懂得开放、妥协、灰度。我认为任何强者

1 百度贴吧.黑寡妇科普[EB/OL].2014. http://tieba.baidu.com/p/2877038579.

都是在均衡中产生的。我们可以强大到不能再强大，但是如果一个朋友都没有，我们能维持下去吗？显然不能。我们为什么要打倒别人，独自来称霸世界呢？想把别人消灭、独霸世界的成吉思汗和希特勒，最后都灭亡了。华为如果想独霸世界，最终也是要灭亡的。我们为什么不把大家团结起来，和强手合作呢？我们不要有狭隘的观点，想着去消灭谁。我们和强者，要有竞争也要有合作，只要有益于我们就行了。"

在任正非看来，开放、合作，实现共赢才是企业经营的终极哲学。当华为日渐壮大之后，无疑会遭到行业的批评。为了维护业界的生态，任正非鲜明地作出指示："华为跟别人合作，不能做'黑寡妇'。黑寡妇是拉丁美洲的一种蜘蛛，这种蜘蛛在交配后，母蜘蛛就会吃掉公蜘蛛，作为自己孵化幼蜘蛛的营养。以前华为跟别的公司合作，一两年后，华为就把这些公司吃了或甩了。我们已经够强大了，内心要开放一些，谦虚一点，看问题再深刻一些。不能小肚鸡肠，否则就是楚霸王了。我们一定要寻找更好的合作模式，实现共赢。研发还是比较开放的，但要更加开放，对内、对外都要开放。想一想我们走到今天多么不容易，我们要更多地吸收外界不同的思维方式，不停地碰撞，不要狭隘。"

现代"堂·吉诃德"是没有未来的

当今的世界是一个开放的世界，任何一个企业一旦追求封闭，无疑是自寻死路。在20世纪末期，康柏电脑的开放策略打败了不可一世的IBM的封闭战略；谷歌安卓系统的开放打败了微软的封闭战略；华为的开放打败了思科……

在开放的大势下，任正非在公开场合坦言，华为坚决不做"堂·吉诃德"。当遭遇美国的贸易壁垒时，任正非是这样回应的："多年来美国一部分人，一部分媒体，长期歪曲、攻击我们，说明我们的美丽已经让他们嫉妒……我们要以此为自豪，为信心，我们要更加投入，使我们美丽，更美丽。平等的基础是力量。"

在2010年PSST体系干部大会上，任正非告诫说："华为的发展壮大，不可能只有喜欢我们的人，还有恨我们的人，因为我们可能导致了很多个小公司没饭吃。我们要改变这个现状，要开放、合作、实现共赢，不要一将功成万骨枯。比如，对于国家给我们的研究经费，我们不能不拿，但是我们拿了以后，是否可以分给其他需要的公司一部分，把恨我们的人变成爱我们的人。前20年我们把很多朋友变成了敌人，后20年我们要把敌人变成朋友。当我们在这个产业链上拉着一大群朋友时，我们就只有胜利一条路了。"

在任正非看来，只有开放、合作，才能实现共赢。任正非说道："'开放、合作、实现共赢'，就是团结越来越多的人一起做事，实现共赢，而不是共输。我们主观上是为了客户，一切出发点都是为了客户，其实最后得益的还是我们自己。有人说，我们对客户那么好，客户把属于我们的钱拿走了。我们一定要理解'深淘滩，低作堰'中还有个低作堰。我们不要太多钱，只留着必要的利润，只要利润能保证我们生存下去。把多的钱让出去，让给客户，让给合作伙伴，让给竞争对手，这样我们才会越来越强大，这就是'深掏滩，低作堰'，大家一定要理解这句话。这样大家的生活都有保障，就永远不会死亡。[1]"

回顾华为的历史，在华为20多年的发展中，其初期只顾埋头走路，这就意味着长期自我封闭。当华为日益茁壮之后，这样的做法无疑是行不通

---

1 任正非.以客户为中心 开放合作实现共赢[EB/OL].2014.http://www.educity.cn/shenghuo/802265.html.

的——开放、合作、实现共赢就成为华为不得不面对的问题。

2010年12月，华为对外发布云计算战略，以及端到端的解决方案。作为华为领军人物的任正非罕有地出席了面向全球云计算的发布会。在会上，任正非表示，华为通过涉足云计算，从而让华为更好地实现转变，其基础是开放、合作、实现共赢。

据介绍，华为云计算战略包括三个方面：第一，构建云计算平台，促进资源共享、效率提升和节能环保；第二，推动业务与应用云化，促进各个行业应用向云计算迁移；第三，开放合作，构筑共赢生态链。

任正非坦言："如同IP改变了整个通讯产业一样，云计算技术也将改变整个信息产业。"在任正非看来，开放的云计算战略将会帮助华为和合作伙伴一起，为客户打造最优秀的云计算平台，让全世界所有的人，像用电一样享用信息应用与服务。[1]

华为进军云计算，更是彰显华为开放、合作、实现共赢的转变。任正非介绍说："华为20年来，从青纱帐里走出来，一个孤独的'农民'，走在一条曲曲弯弯的田间小路。"

任正非在发言中也不讳言称，"华为多年来像当年堂·吉诃德一样的封闭，手拿长矛，单打独斗，跌跌撞撞地走到今天。当打开眼界一看，华为已经不得不改变自己长期的封闭自我的方式。"

为了改变封闭的战略合作思维，任正非更是强调开放、合作、实现共赢的巨大作用。任正非回顾华为的发展史分析认为，以前华为跟别的公司合作，一两年后华为就把这些公司吃了或甩了，这是"黑寡妇"的做法。而今天华为要改变这个现状，要开放、合作、实现共赢。任正非表示，华为要保

1　徐维强.华为进军"云计算"　任正非：不做堂·吉诃德[J].南方都市报：SA32版2010-12-01.

持"深淘滩、低作堰"的态度，多把困难留给自己，多把利益让给别人，多栽花少栽刺，多些朋友，少些"敌人"。

任正非强调，团结越来越多的人一起做事，实现共赢，而不是一家独秀。当然，任正非也期待基于开放的云平台和各行各业应用服务合作伙伴携手共创未来信息产业的发展。[1][2]

2010年，华为以优异的业绩跻身世界500强。此刻的华为更加不会排外，不仅需要有更多的合作伙伴，而且还愿意与不同价值观的对手加强合作与理解。

1　徐维强.华为进军"云计算"　任正非：不做堂·吉诃德[J].南方都市报：SA32版2010-12-01.

2　芮益芳.华为2013年收入首超爱立信　销售额冲击700亿美元[EB/OL].2014.http://tech.huanqiu.com/comm/2014-03/4942328.html.

第十五章

温水煮青蛙：居安思危，才能长治久安

历史给予华为机会，我们要防微杜渐，居安思危，才能长治久安。如果我们为当前的繁荣、发展所迷惑，看不见各种潜伏着的危机，我们就会像在冷水中不知大难将至的青蛙一样，最后在水深火热中魂归九天。

——华为创始人　任正非

一只青蛙的两种结局

"我曾数百次听过《北国之春》，每一次都热泪盈眶，都为其朴实无华的歌词所震撼。《北国之春》原作者的创作之意是歌颂创业者和奋斗者的，而不是当今青年人误认为的一首情歌。

"在樱花盛开春光明媚的时节，我们踏上了日本的国土。此次东瀛之行，我们不是来感受异国春天的气息，欣赏漫山遍野的樱花，而是为了来学习度过冬天的经验。

"一踏上日本国土，给我的第一印象还是与10年前一样宁静、祥和、清洁、富裕与舒适。从偏远的农村，到繁华的大城市，街道还是那样整洁，所到之处还是那样井然有序；人还是那样慈祥、和善、彬彬有礼，脚步还是那样匆匆；从拉面店的服务员，到乡村小旅馆的老太太，从大公司的上班族，到……所有人都这么平和、乐观和敬业，他们是如此地珍惜自己的工作，如此地珍惜为他人服务的机会，工作似乎是他们最高的享受，没有任何躁动、不满与怨气。在我看来，日本仍然是10年前的日本，日本人还是10年前的日本人。

"但谁能想到，这10年间日本经受了战后最严寒和最漫长的冬天。正因为现在的所见所闻，是建立在这么长时间的低增长时期的基础上，这使我感受尤深。日本绝大多数企业，近八年没有增加过工资，但社会治安仍然比北欧还好，真是让人赞叹。日本一旦重新起飞，这样的基础一定让它一飞冲天。华为若连续遭遇两个冬天，就不知道华为人是否还会平静，沉着应对，克服困难，期盼春天。

"日本从20世纪90年代初起，连续10年低增长、零增长、负增长……这个冬天太长了。日本企业是如何度过来的，他们遇到了什么困难，有些什么经验，能给我们什么启示？这是我们赴日访问的目的所在。

"华为经历了10年高速发展，能不能长期持续发展，会不会遭遇低增长，甚至是长时间的低增长；企业的结构与管理上存在什么问题；员工在和平时期快速晋升，能否经受得起冬天的严寒；快速发展中的现金流会不会中断，如在江河凝固时，有涓涓细流，不致使企业处于完全停滞……这些都是企业领导人应预先研究的。

"华为总会有冬天，准备好棉衣，比不准备好。我们该如何应对华为的冬天？这是我们在日本时时思索和讨论的话题。"

这是任正非在《北国之春》一文中这样开头的。《北国之春》是任正非在2004年10月19日出访和考察日本回国后所写的一篇文章。正如任正非所言，此次赴日考察并非为了感受异国春天的气息，欣赏漫山遍野的樱花，而是为了来学习日本度过冬天的经验，即便是今日今时仍然具有很大的现实意义。

在内部讲话中，危机是任正非提过频率最高的词语。任正非坦言："历史给予华为机会，我们要防微杜渐，居安思危，才能长治久安。如果我们为当前的繁荣、发展所迷惑，看不见各种潜伏着的危机，我们就会像在冷水中不知大难将至的青蛙一样，最后在水深火热中魂归九天。"

根据公开的年报数据显示，2013财年华为实现销售收入2390亿元人民币（约395亿美元），同比增长8.5%，净利润为210亿元人民币（约34.7亿美元），同比增长34.4%。根据之前爱立信公布的年报，2013年爱立信营业收入353亿美元，与2012年基本持平，净利润为19亿美元。根据2013年Infonetics Research发布的设备供应商领军公司记分卡显示：华为排名第一，紧随其后的是爱立信和思科。

从这组数据可以看出，华为如今已经成为通信行业的巨人。然而，在华为的发展过程中，居安思危的意识都植入华为的每个员工中。在很多场合下，任正非都将把"温水煮青蛙"的悲剧来警示华为的员工。

可能读者会问，什么是"温水煮青蛙"呢？"温水煮青蛙"其实是一个较为有名的实验。在19世纪末，美国康奈尔大学教授做过一项较为著名的青蛙实验，在此次实验中，教授把一只健康的青蛙放入已经加热的热水锅中，青蛙受到强烈的刺激，猛地从热水锅中跳了出来，虽然受到一些烫伤，却避免了被煮死的命运。

不过，该项实验并未终止，教授接着又将这只曾经从热水锅中逃生的青蛙放入冷水锅中，由于水温接近常温，青蛙并未跳出锅中，教授开始缓慢加热，青蛙没有察觉水温在慢慢升高，依然在水中舒适地游动。随着水温的逐渐增高，青蛙在水中的游动也渐趋缓慢。等到温度已经升到较高时，而此刻的青蛙已经变得非常虚弱，无力挣扎，最后被慢慢煮死了。

把青蛙突然扔进开水里，沸水令青蛙的神经系统受到强烈刺激，青蛙在条件反射的作用下可以迅速跳出去。但是若把青蛙放在凉水里，让水温慢慢上升，青蛙便浑然不觉危险存在，怡然自得地游来游去，等到它感到热的时候，已经无力动弹，唯有坐以待毙。

温水煮蛙道出了从量变到质变的原理，说明的是由于对渐变的适应性和习惯性，失去戒备而招灾的道理。突如其来的大敌当前往往让人做出意想不到的防御效果，然而面对安逸满意的环境往往会产生松懈，也是最致命的松懈，到死都还不知何故。

对于青蛙的这个实验，我敢肯定的是，任正非是非常熟知的，也是非常警惕的。在任正非署名文章《一江春水向东流》中，任正非这样写道：

我不知道我们的路能走多好，这需要全体员工的拥护，以及客户和合作伙伴的理解与支持。我相信由于我的不聪明，引出来的集体奋斗与集体智慧，若能为公司的强大、为祖国、为世界做出一点贡献，廿多年的辛苦就值得了。

我知识的底蕴不够，也并不够聪明，但我容得了优秀的员工与我一起工作，与他们在一起，我也被熏陶得优秀了。他们出类拔萃，夹着我前进，我又没有什么退路，不得不被"绑"着，"架"着往前走，不小心就让他们抬到了峨眉山顶。

我也体会到团结合作的力量。这些年来进步最大的是我，从一个"土民"，被精英们抬成了一个体面的小老头。因为我的性格像海绵一样，善于吸取他们的营养，总结他们的精华，而且大胆地开放输出。

那些人中精英，在时代的大潮中，更会被众人团结合作抬到喜马拉雅山顶。希腊大力神的母亲是大地，他只要一靠在大地上就力大无穷。我们的大地就是众人和制度，相信制度的力量，会使他们团结合作把公司抬到金顶的。

作为轮值CEO，他们不再是只关注内部的建设与运作，同时，也要放眼外部，放眼世界，要自己适应外部环境的运作，趋利避害。我们伸出头去，看见我们现在是处在一个多变的世界，风暴与骄阳，和煦的春光与万丈深渊……并存着。

我们无法准确预测未来，仍要大胆拥抱未来。面对潮起潮落，即使公司大幅度萎缩，我们不仅要淡定，也要矢志不移地继续推动组织朝向长期价值贡献的方向去改革。要改革，更要开放。要去除成功的惰性与思维的惯性对队伍的影响，也不能躺在过去荣耀的延长线上，只要我们能不断地激活队伍，我们就有希望。

历史的灾难经常是周而复始的，人们的贪婪，从未因灾难改进过，过高的杠杆比，推动经济的泡沫化，总会破灭。我们唯有把握更清晰的方向，更努力地工作，任何投机总会要还账的。

经济越来越不可控，如果金融危机的进一步延伸爆炸，货币急剧贬值，外部社会动荡，我们会独善其身吗？我们有能力挽救自己吗？我们行驶的航船，员工会像韩国人卖掉金首饰救国家一样，给我们集资买油吗？历史没有终结，繁荣会永恒吗？

我们既要有信心，也不要盲目相信未来，历史的灾难，都是我们的前车之鉴。我们对未来的无知是无法解决的问题，但我们可以通过归纳找到方向，并使自己处在合理组织结构及优良的进取状态，以此来预防未来。死亡是会到来的，这是历史规律，我们的责任是应不断延长我们的生命。

千古兴亡多少事，一江春水向东流，流过太平洋，流过印度洋，……不回头。

从任正非的文章中，我们依然看出其危机较强的意识。在该项实验中，这只青蛙的不同结局告诫中小民营企业老板，在企业经营中，不断变动的竞争环境使得危机无处不在，因此，一旦中小民营企业老板觉察不到危机的存在，这其实是企业处于最大的危机环境中。

正如孟子所云 "生于忧患，死于安乐。" 的那样。对于任何一个中小企业而言，一旦如同实验中的那只青蛙一样，对企业生存、竞争环境的变化浑然不觉，一旦危机事件爆发，此刻已无力应变危机事件，结果就是被市场所淘汰。

温水煮蛙与华为的冬天

关于华为冬天的讨论并非是在任正非去日本考察之时才有，而是在任正非去会晤时任阿尔卡特董事长瑟奇·谢瑞克时就有了。

21 世纪初的夏季，时任阿尔卡特董事长瑟奇·谢瑞克（Serge Tchuruk）在法国波尔多地区自家的葡萄酒庄园里接待了前来参观访问的华为创始人任正非。

经过简单寒暄问好之后，瑟奇·谢瑞克向任正非介绍说道："我一生投资了两个企业，一个是阿尔斯通，一个是阿尔卡特。阿尔斯通是做核电的，经营核电企业要稳定得多，无非是煤、电、铀，技术变化不大，竞争也不激烈；但通信行业太残酷了，你根本无法预测明天会发生什么，下个月会发什么……"

在瑟奇·谢瑞克看来，通信行业犹如丛林法则一样残酷。对此观点，任正非非常赞同。2001 年 3 月，正当华为发展势头十分良好的时候，任正非在企业内刊上发表了一篇《华为的冬天》，这篇力透纸背的文章不仅是对华为的警醒，还适合于整个行业。接下来的互联网泡沫破裂让这篇文章广为流传，"冬天"自此超越季节，成为危机的代名词。[1]

众所周知，瑟奇·谢瑞克是一位广受企业界尊崇的实业家和投资家，他所创的阿尔斯通，和阿尔卡特公司都是世界知名的企业。如阿尔卡特是全球电信制造业的曾经的标杆企业。尤其在美国2001 年互联网泡沫破裂之后，阿尔卡特与爱立信、诺基亚、西门子这几家欧洲电信企业，并肩成为貌似"坚不可摧"的业界巨擘。欧洲普遍的开放精神不仅快速地培育出几大世界级的电信制造商，而且也造就了一批全球化的电信营运商，英国电信、法国电信、德国电信、西班牙电信、沃达丰……它们不仅在欧洲各国，而且在全世界各大洲都有网络覆盖，而美国、日本以及中国的电信企业，与欧洲同行相比，显然是有距离的。[2]

正如瑟奇·谢瑞克所言，在通信行业，根本无法预测明天会发生。爱立信、诺基亚这两个巨头也在经过辉煌之后陨落。

在如此居安思危的管理下，激烈的竞争无疑会使得企业不进则退。在21世纪的初期，华为正处于艰难的爬坡阶段。作为"领路者"的阿尔卡特经营者，都感到未来的困惑与迷茫，这使任正非异常震惊。当任正非结束访问回国后，向华为高层多次复述瑟奇·谢瑞克的观点，并提问：华为的明天在哪里？出路在哪里？

1 任正非. "华为的冬天"——任正非[J].竞争力，2010（6）.
2 田涛，吴春波.下一个倒下的会不会是华为[M].北京：中信出版社，2012.

其后，在华为科级以上干部大会上，任正非做了名为《2001十大管理工作要点》的报告，其讲话内容被加题为《华为的冬天》在各大企业管理者中间广泛传播。许多企业的领军人物如创维的黄宏生、联想的杨元庆以及东软的刘积仁在读到此文后纷纷认为"这篇文章说出了所有干企业的人的感受"。任正非在此文中指出，繁荣的背后是萧条，我们在春天与夏天要念着冬天的问题。居安思危，不是危言耸听。这是总裁与员工共同准备冬天的经典范例。[1]

在该文中，任正非坦言："华为的危机，以及萎缩、破产是一定会到来的。"。他说："现在是春天吧，但冬天已经不远了，我们在春天与夏天要念着冬天的问题。IT 业的冬天对别的公司来说不一定是冬天，而对华为可能是冬天。华为的冬天可能来得更冷一些。我们还太嫩，我们公司经过十年的顺利发展没有经历过挫折，不经过挫折就不知道如何走向正确道路。磨难是一笔财富，而我们没有经过磨难，这是我们最大的弱点。我们完全没有适应不发展的心理准备与技能准备。

"危机的到来是不知不觉地，我认为所有的员工都不能站在自己的角度立场想问题。如果说你们没 有宽广的胸怀，就不可能正确对待变革。如果你不能正确对待变革，抵制变革，公司就会死亡。在这个过程中，大家一方面要努力地提升自己，一方面要与同志们团结好，提高组织效率，并把自己的好干部送到别的部门去，使自己部下有提升的机会。你减少了编制，避免了裁员、压缩。在改革过程中， 很多变革总会触动某些员工的一些利益和矛盾，希望大家不要发牢骚、说怪话，特别是我们的干部要自律，不要传播小道消息。"

在任正非看来，只有居安思危，才能避免温水煮青蛙致死的悲剧。在该文中，任正非断言："沉舟侧畔千帆过，病树前头万木春。网络股的暴跌，必将对两三年后的建设预期产生影响，那时制造业就惯性进入了收缩。眼前的繁荣是前几年网络股大涨的惯性结果。记住一句话：'物极必反'，这一场网络设备供应的冬天，也会像它热得人们不理解一样，冷得出奇。没有预见，没有预防，就会冻死。那时，谁有棉衣，谁就活下来了。"

民营企业正在遭遇危机绝非危言耸听

事实证明，一个没有危机意识的民营企业，必定是一个没有希望的企业；一个没有危机感的民族，是一个没有希望的民族；一个缺乏批判和再造勇气的民营企业老板，必定是一个孤芳自赏、刚愎自用的企业老板而已。

我说中国民营企业正在遭遇前所未有的危机，绝不是危言耸听、故弄玄虚!我要告诉那些"孤芳自赏、刚愎自用"的民营企业老板,今天的中国民营企业其处境有多糟糕、形势有多不利。而民营企业老板身处民营企业濒临倒闭边缘却浑然不知，民营企业老板总是习惯低估自己的对手，又习惯高估民营企业老板自己的实力。我今天之所以要把民营企业面临的危机告诉民营企业老板，是因为要唤起民营企业老板对危机管理的重视。否则，民营企业就可能在发展的高速公路上翻车。

我在《命门：中国家族企业死亡真相调查（升级版）》一书中列举了一个事例，现引用如下：

在20世纪90年代末期至21世纪初期，陈川东可是重庆餐饮界一个"教父式"的人物。当很多创业者带着悲喜交加的思绪再次提到陈川东首次完美将川粤两大菜系结合的创举；再次提到曾经让百事可乐都"心生妒忌"的陈川粤系列饮料；再次提到陈川东那一度风光无限的陈川粤大酒楼时，都会情不自禁地感慨万千。

而今，各地陈川粤大酒楼这艘"美食航母"已经坠入深海；早已销声匿迹的"火锅爽"系列饮料与中国大陆地区火锅热形成非常鲜明的对比；陈川东本人已不再是重庆餐饮商会会长、重庆市火锅协会副会长、渝中区餐饮协会会长……

可以说陈川东是中国改革开放中一个出色的企业家，尽管陈川东以失败的方式来出现在本书的案例中，但是陈川东敢想敢干、勇于创新的企业家精神还是能激发中国家族企业诸多创始人的实干热情。

1992年春天，原为政府官员的陈川东在下海的大潮中创业了，由于没有启动资金，陈川东于是向亲戚和朋友借了5000元现金，下海担任了广州"小洞天"川菜酒楼的经理。

然而，让陈川东没有想到的是，"小洞天"川菜酒楼开门营业还不到一个月，不仅食客盈门，而且还开了一个好头。

当然，"小洞天"川菜酒楼要想在广州经营下去，面临的困难依然很大。在广州，粤菜菜品用料高档、做工考究。当食客有着这样的偏好时，无疑极大冲击地"小洞天"的经营。为摆脱困境，陈川东就大胆尝试在自己的川菜馆中配用粤菜的原料，这样不仅仅提高了"小洞天"川菜酒楼菜品的档次，更重要的是还融合了广东传统饮食的口味。

陈川东经过一段时间的探索发现，陈川东将川菜、粤菜的优势结合在一起，在餐饮界形成了自己独特的风格。不仅赢得四川消费者和广东消费者的认可，同时还为中国餐饮业创造了一个川粤合璧的新派菜系。

　　陈川东随着办酒店的经验越来越成熟，名气越来越大。1993年，陈川东在广州创立了川粤大酒楼，推出一系列川料粤吃、粤料川做的新派川菜。1993年冬天，广州川粤大酒楼经众多美食家评选，荣获广东名店美食金奖。

　　1994年，陈川东受重庆市各级领导盛情邀请，落户重庆银河宾馆，创办重庆川粤大酒楼。重庆川粤大酒楼营业面积1200多平方米，开业后，一直火爆，被新闻媒体看成是"川粤现象"。

　　1996年，陈川东乘胜前进，又投资2000多万元，在位于北京市西二环阜城门附近四川大厦开办北京陈川粤大酒楼。据说是当时北京著名的高档饮食场所之一，其生意异常火爆。

　　经过十余年商海征战，陈川东不仅拥有的北京一家陈川粤大酒楼，在广东、四川、重庆等地也有陈川粤大酒楼，甚至还把陈川粤大酒楼开到万里之外的美国。首创"川粤合璧，金牌美食"的陈川东，以其敏锐的洞察力分析餐饮业的发展趋势。从此，川粤饮食集团改名叫陈川粤集团。

　　在陈川东的企业帝国中，不仅经营着像陈川粤大酒楼的餐饮，而且还经营饮料业。在当时，陈川粤经营的饮料曾经畅销西南市场，连可乐饮料业巨头可口可乐和百事可乐都不敢小觑。

　　此时，陈川粤大酒楼终于成为中国餐饮行业的一匹黑马，不仅受到消费者的青睐，更引起了众多投资者的关注并寻求合作。当然，这其中就包括重庆群鹰商场的管理者——重庆夫子池物业公司。

　　重庆夫子池物业公司寻求陈川东的合作，主要是因为若干位雄心勃勃的投资者在群鹰商场巨资经营保龄球馆、百货、酒楼、皮具商场等都以失败告终。其实，群鹰商场的地理位置位于重庆商业中心——解放碑步行街的西街口，可以说是一个寸土寸金的黄金位置。

　　为了改变过去屡战屡败的局面，夫子池物业公司想凭借与陈川东的合作，从而打造一个商业航母。在与陈川东的合作中，夫子池物业公司以1.59亿元的价钱将群鹰商场10年产权转让给陈川东。

此时的陈川东也希望有借助群鹰商场这样一个大型美食大厦来成为陈氏餐饮帝国的旗舰店。于是，陈川东答应了夫子池物业公司提出的条件。在剔除合同中一些其他因素外，陈川东实际支付给夫子池物业公司的房租款为1.3亿元。

陈川东之所以答应夫子池物业公司的条件，是因为：

第一，在1999年，该大厦的评估市值为2.26亿元；如果把陈川粤美食大厦全部装修后，该大厦的评估值绝对不会少于2.5亿元。所以，陈川东认为，按最保守计算，群鹰大厦仅地产部分10年增值就至少可达1亿元以上。

第二，根据陈川东自己实战多年的商业经验认为，只要陈川粤美食大厦正常营业，即使最坏的结果就是，每年陈川粤美食大厦亏损两三百万元，陈川东自己在10年中仍然可以从群鹰大厦中赢利数千万元，在陈川东的算盘中，承租群鹰大厦绝对是一个只赚不赔的项目。

第三，陈川东承租群鹰大厦的目的，就是凭借陈川粤美食大厦提高其在全国餐饮界中的地位，依托以重庆为中心，为陈川粤在全国各地拓展连锁店打下坚实的基础。

第四，从陈川粤的财务状况上看，10年支付给群鹰大厦的承租款1.59亿元的付款计划，陈川东每年只需要支付给群鹰大厦1000余万元就可以了，这样的发展战略相对还是较为稳健的。而部分银行家工作人员听到陈川东购买群鹰大厦10年的产权后，表示可以先期贷给陈川东2000万元；而租赁设备的合作者也表示，只要陈川粤美食大厦运正常营业，愿意以500万元把设备租赁给陈川东。在这样的情况下，陈川东更是信心百倍。

然而，意想不到的情况还是却发生了。

第一，当装修队进驻群鹰商场的同时，陈川东就已经着手将招聘的300余名员工进行岗位培训，按照陈川东的部署，一旦陈川粤美食大厦装修完毕，陈川粤美食大厦就可以立即开业。但是，让陈川东没有想到的是，陈川粤美食大厦不只是一个简单的装修问题，仅消防管网的改造就花费了400余万元，这400余万元额外的支出完全是先前预算之外的。

另外，一旦装修不能按时完成，无疑影响了陈川粤美食大厦的按时开业时间，仅每月员工工资就数十万元。而增加的员工工资同样也是先前预算之外的。

第三，当陈川东正是接手群鹰大厦后，群鹰大厦隐藏的其他问题也就显现出来。原群鹰商场最后一位投资者在经营商场期间，拖欠了供货商大量货款。当陈川东承租了群鹰大厦商场，供货商便找陈川东索要货款。当陈川东拒绝了供货商的要求后，有些供货商就向法院提起诉讼群鹰商场，要求支付货款，而法院依法查封群鹰商场。当法院启封群鹰商场时，已经又过了几个月了。陈川东又不得不多花一笔额外的支出。

第四，先前承诺贷款2000万元给陈川东的银行工作人员也改口了。而答应以500万把设备租赁给陈川东元的合作者表示自己已经转行，没法提供设备了。

此刻的陈川东已是进退两难，不得不大量挪用各地陈川粤大酒楼和陈川粤饮料厂的利润来填补陈川粤美食大厦的资金短缺，陈川东大量抽资就使得各地陈川粤酒楼和饮料厂的流动资金链几乎断裂，这就严重影响各地陈川粤酒楼和饮料厂的正常经营和生产。

当然，陈川东这样拆东墙补西墙的做法使得陈川粤集团陷入了一个非常可怕的恶性循环。

这大大超出了陈川东当初的规划。按照陈川东当初的规划，把群鹰商场地下一层改为一个具有星级的大型停车场；把群鹰商场的第一层改为百货超市；把群鹰商场的第二层改为小吃城；把群鹰商场的第三层改为洋快餐厅；把群鹰商场的第四层改为大酒楼。

在非常艰难的情况下，陈川东费了九牛二虎之力才装修好把群鹰商场的第一、二层——百货超市、中华名小吃正是开业。

尽管把群鹰商场百货超市已经开业，但是与群鹰商场一街之隔重庆百货和新世纪把群鹰商场的当作自己最大的竞争对手，于是警告供货商，谁要是向陈川粤供货，就将其从重庆百货和新世纪的商场清理出场。

面对重庆百货和新世纪两个重庆商业巨头的警告，供货商只好服从。这就让陈川粤百货超市出现了无货可卖的境地。

在这样的情况下，陈川东不得不从重庆百货和新世纪采购。为了招揽顾客，陈川粤百货超市又采用比重庆百货和新世纪更低的价格促销。

而重庆百货和新世纪也在陈川粤百货超市开业促销的时候，也降价促销，而且降幅比陈川粤百货超市更大。仅仅过了两个月，陈川粤百货超市就再以挺不住了。不得不被迫将陈川粤百货超市出让给新世纪。尽管第二层的中华名小吃已经营业，但是第三层正在装修，噪声、灰尘整日不断，许多顾客往往是乘兴而来，败兴而归，第二层的中华名小吃开始生意惨淡了。

面对这样的局面，陈川东不得不加快第三、第四层的装修进度。当然这样就可以抽调更多的资金。

陈川东为了给即将开业的美食大厦制造更多的商业气氛，陈川东还在报纸、电视上做了大量的广告，光广告费就花了100多万元。眼看着第三、第四层的装修进度顺利进行。

让陈川东上火的是，只需200万元第三、第四层的装修就可以全部完工了。然而，就是这最后的200万元，却卡住了陈川东的脖子。陈川东四处融资，几次上当受骗，将陈川粤的最后一口气也弄断了。当美食大厦让陈川粤陷入困境时，曾经风光无限的饮料也因为受其影响悲壮地倒下了。

（以上内容详见《命门：中国家族企业死亡真相调查（升级版）》，中国财富出版社，2013年1月第1版）

根据媒体报道，在2002年11月时，首先倒闭的是陈川东经营的陈川粤饮料厂，当饮料厂倒闭时，几乎没给陈川东留下任何有用的资产，甚至还拖欠工人几十万元的工资。

由于拖欠供货商的货款，2003年3月，众多供货商愤怒地将陈川东告上法庭，在供货商不满的声讨声中，法院由此查封了陈川粤美食大厦。

在缺乏后续资金支持的前提下，陈川东所经营的、分布在全国各地的大酒楼也因为财务危机而相继崩溃。此刻的陈川东欠下了巨额的债务，甚至连女儿的学费都付不出了。

在本案例中，尽管陈川东的创业失败了，但是还是一个值得反思的案例。纵观陈川东的扩张中，由于陈川东不懂财务，使得某些隐形的危机被发展所屏蔽，但是一旦爆发，潜在的危机爆发，使得陈川东经营的产业犹如多米诺骨牌一样地倒下了。

在陈川东看来，以为自己抓了一手好牌，结果由于不懂财务，竟然使得手中的好牌却变成了一堆板砖，将陈川东砸得头破血流，最后由于财务危机而戛然而止。

当陈川东经营的企业倒下后，有研究者就直言，即使不出现案例中的诸多问题，陈川东与群鹰商场签约长达10年，每年1000多万的租赁费用（陈川东与夫子池物业签订的是以租代售的合同）对陈川东而言，这笔费用为日后的危机埋下祸根。

在该研究者看来，陈川东经营的百货超市遭到重庆百货、新世纪的打压是在正常不过的竞争因为。更为重要的是，在风云变幻，一日三惊的中国餐饮行业，陈川东要想能够保证陈川粤的长盛不衰，在长达10余年的时间内都持续赢利，这个问题谁也不敢拍胸脯说可以，就连陈川东自己也同样不敢打保票。

当我们分析本案例时，我们陡然发现，倒闭的陈川粤尽管看起来在意料之外，其实却在情理之中。出现这样问题的根源在于，陈川东在财务上的冒进，将真金白银置放于谁也没有把握的未来预期盈利，而且投入大大超过能力，最后不得不拆东墙补西墙，造成陈川粤疮痍满身，后继乏力，最后油尽灯枯，仆地而亡。[1]

因此，对于任何一个中小民营企业老板而言，只有具备危机管理意识，才可能做好危机管理防范工作。

对此，万通控股董事长冯仑告诫企业家说："民营企业领导应该深刻地理解死亡，不要回避这件事，在活着的时候，做好公司制度的继承安排，也做好个人身后事的安排。这样，任何时候，车祸、疾病什么的都不能使你的企业和家人受到不必要的困扰。作为一个民营企业领导人，你每天都要有危机意识，要清楚地知道你快不行的时候谁会来救你。只有每天不断把这个问题想好，才能够给自己的企业架设一个安全的未来通途。"

---

1 《科学投资》.中国民营企业死亡全书[J].科学投资，2003（11）.

第十六章

"牢骚太盛防肠断，风物长宜放眼量"：小改进，大奖励

　　任何变革都会触及每一个人，各级干部都要理解支持公司的变革，"牢骚太盛防肠断，风物长宜放眼量"。我们的中高层干部要经受得住磨难与委屈，公司大了，距离也远了。由于沟通不畅，会产生信息不对称或扭曲。我们的每一层主管由于工作压力大而缺乏耐心，会与周边或下属产生矛盾。在公司的业务变革和发展中肯定会存在问题，我们干部的责任是以平和的心态去面对并一起解决问题，工作中既要抓效率，坚持原则，又要相互欣赏和支持，学会体谅和感激，共同创造一个和谐的有战斗力的管理团队，我们就能克服一切困难。

——华为创始人　任正非

🦋 在理性与平实中存活

　　2008年，当次贷危机引发的全球金融危机，犹如入冬以来最大的一股寒潮侵袭了华夏大地一般，中国长三角和珠三角的出口企业均遭受重挫。

　　此刻，在深圳总部的任正非，尽管信心十足，但是当铺天盖地的倒闭信息出现在媒体头条时，危机意识浓厚的他，也不得不再次为华为人鼓气。

在金融危机这样的背景下，有的华为人在面临危机时，总是怨声载道。为了提振士气，任正非还引用了毛泽东的诗词——"牢骚太盛防肠断，风物长宜放眼量"来化解一部分华为人的不满和胆怯。

让人欣喜的是，2008年华为全球销售收入达到183.3亿美元，同比增长42.7%，75%来自国际市场。在这场危机中，全球电信业因金融危机而"寒风萧瑟"，唯独华为却依然保持高速增长，给这个行业带来丝丝暖意。

"牢骚太盛防肠断，风物长宜放眼量"这两句词是毛泽东同志所作，是《七律·和柳亚子先生》一词中的两句。全词为：

七律·和柳亚子先生

饮茶粤海未能忘，索句渝州叶正黄。

三十一年还旧国，落花时节读华章。

牢骚太盛防肠断，风物长宜放眼量。

莫道昆明池水浅，观鱼胜过富春江。

尽管毛泽东同志的这首词最早发表在1957年1月《诗刊》上，其实是毛泽东1949年4月29日所作。从开头的和字可以了解到，这是一首答词。

1949年3月28日，柳亚子作《感事呈毛主席》一诗。

感事呈毛主席一首

开天辟地君真健，说项依刘我大难。

夺席谈经非五鹿，无车弹铗怨冯驩。

头颅早悔平生贱，肝胆宁忘一寸丹！

安得南征驰捷报，分湖便是子陵滩。

1949年3月，中共中央积极地争取南京国民党政府接受和平解决方案，同时期望更多的民主人士从中斡旋。

1949年3月28日夜，国民党左派人士柳亚子做了一首《感事呈毛主席一首》，称感于国民党的混乱现状，要回家乡分湖隐居。

柳亚子在诗中表示，尽管他也是国民党元老之一，但是却无能为力。柳亚子，名弃疾，字安如，号亚子，江苏吴江人。早年追随孙中山先生搞革命，是清末文学团体"南社"发起人和主要诗人之一。旧民主革命失败后，继续参加新民主主义革命，与宋庆龄、何香凝等同是著名的国民党左派。[1]

在诗中，柳亚子引经据典，如用杨敬之到处讲项斯的好话和王粲去荆州依附刘表的故事。唐杨敬之《赠项斯》诗："平生不解藏人善，到处逢人说项斯。"《三国志·魏书·王粲传》："乃之荆州依刘表。表以粲貌寝而体弱通侻，不甚重也。"

在柳亚子看来，说人好话、依附他人，他是很难做到的。在诗中，柳亚子也盼望快点接到解放大军解放江南的捷报，也有回乡"分湖"隐居的打算，像当年严光隐居富春江一样——"安得南征驰捷报，分湖便是子陵滩。"

在这样的背景下，毛泽东同志写《七律·和柳亚子先生》一词回赠，用严子陵隐居垂钓富春江畔这件事，劝柳亚子先生留在北京继续参加建国工作。

毛泽东在词中回忆了同柳亚子先生第一次、第二次相会的情况。毛泽东

---

1 360doc.牢骚太盛防肠断，风物长宜放眼量[EB/OL].2014.http://www.360doc.com/content/
12/0518/10/4598657_211831423.shtml.

第一次与柳亚子相见是在1925年～1926年间，当时毛泽东在广州主持农民运动讲习所，而柳亚子是到广州参加国民党的会议。毛柳二人首次相会时，一起品茶，畅谈国家大事。毛泽东第二次柳亚子相见是在毛泽东赴重庆参加国共两党和谈时的1945年10月，此刻的重庆正值"叶正黄"的秋天，在曾家岩八路军办事处毛泽东与柳亚子促膝长谈。

针对柳亚子要隐退的问题，在词中，"牢骚太盛防肠断，风物长宜放眼量"不仅是全词的主旨，同时也是意在针对柳亚子诗中流露出来的不正确的看法和牢骚情绪，提出委婉和诚挚规劝，勉励柳亚子应该把眼界放开一点，向远处、大处看，从革命的整体利益着眼。这联饱含着真挚的情感和精湛而透辟的哲理。[1]

在词中，"风物"是指风光事物，这里泛指一切事情，长宜，永远应该。全句的意思是，一切问题都应该放开眼光往远处看。断肠出自《世说新语－黜免》篇，喻指极度的哀伤。放眼量是指放大眼界去衡量，不必斤斤计较个人得失，以致"牢骚太盛"。颈联的出句中用了太字，很显毛泽东的大容，牢骚有点没有关系，只是不要太盛。对句中则用了长字，朋友的情谊跃然纸上，宜字又稍带责备的意思。[2]

在华为，作为毛泽东崇拜者的任正非当然懂得"牢骚太盛防肠断，风物长宜放眼量"的管理哲学。在《在理性与平实中存活》一文中，任正非写道："我们处在一个变革时期，在信息产业逐步走向传统产业的过程中，我们要不断地寻找新的奶酪。任何变革都会触及每一个人，各级干部都要理解支持公司的变革，'牢骚太盛防肠断，风物长宜放眼量'。我们的中高层干

1　360doc.牢骚太盛防肠断，风物长宜放眼量[EB/OL].2014.http://www.360doc.com/content/12/0518/10/4598657_211831423.shtml.

2　360doc.牢骚太盛防肠断，风物长宜放眼量[EB/OL].2014.http://www.360doc.com/content/12/0518/10/4598657_211831423.shtml.

部要经受得住磨难与委屈，公司大了，距离也远了。由于沟通不畅，会产生信息不对称或扭曲。我们的每一层主管由于工作压力大而缺乏耐心，会与周边或下属产生矛盾。在公司的业务变革和发展中肯定会存在问题，我们干部的责任是以平和的心态去面对并一起解决问题，工作中既要抓效率，坚持原则，又要相互欣赏和支持，学会体谅和感激，共同创造一个和谐的有战斗力的管理团队，我们就能克服一切困难。"

🖐 HUAWEI "小改进"与"大奖励"

当任正非在考察日本企业时，特别是在《北国之春》一文中，高度肯定了日本的"小改进"。在日本，很多企业都很重视改良。众所周知，日本商业世界里，成千上万的中小企业，甚至百年企业凭借一项足够人性化的技术就可以保持比松下、索尼这些大公司还要健康的利润率。比如，有家日本公司做注射器，他们把针头做到极细，让患者感觉不到疼痛；有家公司做抽水马桶，能将上厕所的声音稀释到接近于无。[1]这些中小企业是如何把产品做到极致的？答案就是改良。

这里的改良就是慢慢地改进工艺，从而更好地制造更加贴近客户的产品。在《在实践中培养和选拔干部》一文中，任正非高度评价了这种改良——"小改进"需要"大奖励"的做法。任正非写道：

如果，我们在今年"小改进、大奖励"中，一是提高了我们产品的质

---

1 陈伟.日本企业为何坚守"改良"[J].支点，2012（8）.

量；二是提高了我们的工作效率；三是降低了我们的成本，那么，我们的市场竞争力就会进一步大大提高。如果我们把航空公司的机票拿来给大家发发工资、发发奖金，大家将会有多大收益？但是，由于你们产品质量不好，大家长工资的钱，都花在维修的机票、酒店的费用中去了。

但是你们在这个QCC圈活动中漏下的那0.31个故障点，不知道需要有多少飞机票来补偿。我们飞来飞去地去修机，修的什么？就是当时因为你马虎的一个焊点。正是这一个焊点使我们花出去将近1千倍、1万倍的价值。所以我们在工作中的每一项改进都直接关系到公司的生死存亡之命运。

任正非的观点是非常科学的。在产品的完善过程中，只有一点点地改进，才会使得产品质量更加有保证。

在任正非看来，"小改进"是提升华为核心竞争力的一个有效举措。在第二期品管圈活动汇报暨颁奖大会上，任正非说道：

大家应该认识到，"小改进、大奖励"对我们华为公司来说，将是一个长远的政策，而不是一个短期的政策。为什么呢？我们最近研讨了什么是企业的核心竞争力？什么是企业的创新和创业？创业，并非最早到公司的几个人才算创业，后来者就不算创业。创业是一个永恒的过程，创新也是一个永恒的过程，核心竞争力也是一个不断提升的过程。大家可以想一想，发错货少一点，公司的核心竞争力不就提升一点了吗？订单处理速度提高30%，我们的整个业务运行速度不就提高30%了吗？这些都有利于核心竞争力的提升。对于我们这样一个公司，如果谁要来跟我谈一谈华为公司的战略，我都没有兴趣。为什么？因为华为公司今天的问题不是战略问题，而是怎样才能生存下去的问题。我们在座的都很年轻，都是"向日葵"。但是，年轻的最大问题就是没有经验。公司发展很快，你既没有理论基础，又没有实践经验，华为公司怎么能搞得好？如果我们再鼓励"大家来提大建议呀，提战略决策呀"，那我看，华为公司肯定就是墙头上的芦苇，风一吹就倒，没有希望。那么，怎么办呢？就是要坚持"小改进，大奖励"，为什么？它会提高你的本领，提高你的能力，提高你的管理技巧，你一辈子都会受益。小改进，大奖励，但重要的是"小改进"，大家不要太关注大奖励。我们现在要推行任职资格考评体系，因此你的每一次"小改进"，都是向任职资格逼近了一大步，对你一生是大奖励，让你受用一辈子，它将给你永恒的前进动力。我们坚持"小改进"，就能使我们身边的工作不断地优化、规范化，合理化。但是，在坚持"小改进"的进一步，如果我们不提出以核心竞争力的提升为总目标，那么我们的"小改进"就会误入歧途。比如说，我们现在要到北京去，我们可以从成都过去，也可以从上海过去，但是最短的行程应该是从武汉过去。如果我们不强调提升公司核心竞争力是永恒发展方向，我们的"小改进"改来改去，只顾自己改，就可能对周边没有产生积极的作用，改了半天，公司的整个核心竞争力并没有提升。那就是说，我们的"小改进"实际上是陷入了一场无明确大目标的游戏，而不是一个真正增创客户价值的活动。因此，在小改进过程中要不断瞄准提高企业核心竞争力这个大方向。当然，现在你们的每个QCC圈活动目的都是在为了提高公司核心竞争力的，围绕着这一总目标的。"小改进、大奖励"将是我们华为公司在很长时间里要坚持的一个政策。

在该讲话中，任正非认为，华为不仅需要坚持"小改进，大奖励"。"小改进、大奖励"，而且还是长期坚持不懈的改良方针。应在小改进的基础上，不断归纳，综合分析。研究其与公司总体目标流程的符合，与周边流程的和谐，要简化、优化、再固化。这个流程是否先进，要以贡献率的提高来评价。

坚持改良自己的产品，与顾客需求与时俱进

在日本企业中，坚持不断地改良自己的产品，与顾客需求与时俱进。日本著名管理学家今井正明撰文指出，欧美企业往往追求创新主导，即通过新产品、新市场的来提高企业的利润（外向型增长），而对于日本企业，则更倾向于通过内部流程控制和成本控制、精益求精，使得产品具有更好的性价比。创新型企业适合于那些变化较快的行业，而改善型企业则适合于那些变化不大的行业。例如，对于日本汽车行业来说，发展的实际主要来自于汽车行业大的创新减少，而石油危机、通货膨胀导致对成本、质量（维修、报废时间）的重视上。[1]

事实上，企业要想提出全面质量控制，关键环节还是人，仅仅依赖质检部门是不够，只有将员工的质量意识贯穿于生产的每一个环节中，这样才能提升产品的质量。

在这方面，日本企业已经积累了丰富的经验。而美国哈佛大学教授迈克尔·波特与另两名日本学者为首的团队，耗时10年对日本经济进行了系统研究，结果显示，日本企业界的一个较为普遍的现象，即日本企业长于改善运营效率，而短于制定独特的竞争战略。[2]因此，可以看出，不断改良是日本企

1　新浪网.《改善：日本企业成功的奥秘》读后感[EB/OL].2013.http://blog.sina.com.cn/s/blog_4b2fe4d20102e0z5.html.

2　新华网.让世界为你敞开大门[EB/OL].2012. http://jjckb.xinhuanet.com/2011-05/10/content_307391.htm.

业长寿的一个重要因素。

成立于1887年的花王株式会社（Kao Corporation），拥有120多年的历史，总部位于日本东京都中央区日本桥茅场町。

花王株式会社的的前身是1887年6月开业的"长濑商店"，该商店由长濑富郎创办，位于日本东京都日本桥马喰町，主要经营一些进口的妇女日用品。在1890后，长濑商店开始贩卖洗脸用的高级肥皂，取名为"花王石碱"。[1]而今，花王株式会社拥有员工近33350人。在东京日用化学品市场上，花王有较高的知名度，其产品包括美容护理用品、健康护理用品、衣物洗涤及家居清洁用品及工业用化学品等。

然而，可能读者不知道的是，花王是从肥皂开始的，逐渐涉及洗发液、洗衣粉及食用油等。花王一直从事家庭日用品的制造，其中很多是经过反复做，小幅改良的老牌产品为消费者所熟知。

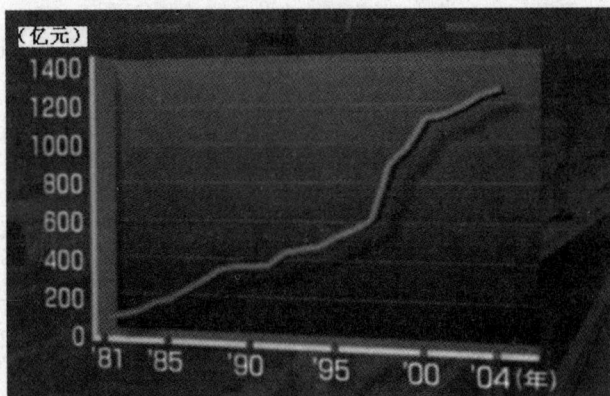

图16-1　花王保持24年业绩连续增长

花王能保持24年的业绩连续增长（见图16-1），其实是花王经营者不

1　维基百科.花王株式会社[EB/OL].2012.http://zh.wikipedia.org/wiki/花王株式·社.

断地改良产品，让产品跟上时代，有时也要做出痛苦的经营抉择。在10多年前，花王经营者决定裁掉销售额达800亿日元的软磁盘业务。这样的战略收缩让媒体和研究者大吃一惊。

媒体和研究者吃惊的原因是，在当时，花王的软磁盘业务，其市场占有率位居世界第一。然而，随着光碟机等新记录媒体的陆续普及，导致软磁盘业务的收益日益减少。对此，花王株式会社社长尾崎元规在接受日本放送协会记者采访时坦言："因为这项业务超出了本行的日用品范围，因此放弃了，重新把重点集中于家庭日常用品，花王的历史，就是从清洁、美这些东西开始的，就公司的成长过程和目标而言，软盘与此格格不入，所以要重返基点，在撤退问题上取得了共识。"

可能读者会问，为什么花王在遭遇事业撤退的重创后业绩依然维持增长呢？这家长寿企业的优势是什么呢？

资料显示，花王的很多商品独占市场鳌头，洗濯用洗剂的市场占有率达四成以上、漂白剂占七成以上，长年来盘踞首位，其背后是创业以来从未间断过的去污研究。

对于改良，尾崎元规如是说。自创业以来，花王从未间断过对去污技术研究，每天都要搜集员工制服的衣领，对洗衣粉的洗净能力反复实验。把这分成两半，观察新产品和旧产品去污能力有何不同，不这样就不能对洗净能力做出评价是非常重要的样本。

事实上，作为日用品的洗衣粉市场，竞争十分激烈，技术赶超非常迅速，因此，即便是一点点技术改造，不间断的改良非常重要。一点点、一步步不间断的改良带来的就是市场占有率。如，1987年上市的这个洗衣粉已经改良过20多次了。花王改良的目的是用更少量的洗衣粉洗衣洗得更干净，尽管牌子都是一样的，但是产品却在一点一点改良。

对此，花王集团社长尾崎元规在接受日本放送协会记者采访时坦言："周围环境与时代一起在变化，即使现在很好，环境一变，是否还能维持呢？这就很难说了，要保持信心，时刻临机应变进行变革，对于我们的经营是非常基本和重要的。"

在日本明治23年，花王最初的商品是洗脸用的肥皂，其产品卖点的定位是优良的品质。日本当时生产的肥皂非常粗劣，而日本庶民通常用来洗濯衣物。然而，花王生产的肥皂却可以用来洗脸。而花王生产的肥皂大受日本消费者的欢迎。

花王创造了顾客需求，日本消费者开始用肥皂洗脸，其习惯由此得以推广。尽管花王取得了阶段性胜利，但是花王第二代社长却鞭策因畅销而骄傲自满的员工，他说："现在的花王肥皂，究竟是否无以伦比之优良品、已成完美无缺之肥皂乎？仍然有改良的余地。即使一点点也行。要不断改良。"

在花王第二代社长看来，即使是优良的产品，也有改良的可能。从花王第二代社长开始，花王肥皂改良延续了百年。

在花王公司，历代社长都在强调和倡导持久改良的作用。历代社长强调，即使是成熟的产品，也有改良的余地；即使是新产品，必须改良的地方也会不断出现。在30年前开始，花王率先开设了消费者服务中心，把消费者的声音运用到商品改良上去。

为了更好地改良产品，花王工作人员每天从300余件的建议和投诉中寻找商品改良的要点。在产品开发会议中，必须有消费者服务中心的成员参加，甚至没有消费者服务中心工作人员的同意，新产品就不能上市。

花王持之以恒的不断改良，其产品已经深入人心，从而也使得消费者更加信赖，这便是这家长寿企业的哲学。

花王的生存和发展源于不断地改良，正如花王第二代社长告诫员工所言："现在的花王肥皂，究竟是否无以伦比之优良品、已成完美无缺之肥皂乎？仍然有改良的余地。即使一点点也行。要不断改良。"

在花王第二代社长看来，只有不断改良，花王产品才能跟上时代，才能占据更多的市场份额，才能把竞争对手摔在后面。

第十七章

静水潜流：踏实做事，不张扬

我们要的是成功，不是口号。有人说华为公司运行得平平静静，没什么新闻，是不是没戏了。我们说这叫"静水潜流"。表面很平静的水流，下面的水可能很深很急。倒是那些很浅的水在石头上流过去的时候才会充满了浪花。我们现在一步一步改革，就是为了让你们的心情也平静下来，随着潮流慢慢走。华为现在的平静，说明公司已经逐渐规范化了。

——华为创始人　任正非

低调不张扬不等于不做事

在中国大陆地区的企业家中，任正非是最为低调的企业家。在创建华为到如今，任正非接受过正面采访的媒体寥寥无几，几乎不接受媒体的采访，任正非通常不参加评选、颁奖活动和企业家峰会，甚至连有利于华为品牌形象宣传的活动，任正非都一律拒绝。

国务院参事、前中华民营企业联合会会长保育钧在接受《未来观察家》

采访时高调地强调任正非才是真正的企业家，理由是拒绝了时任政协主席李瑞环主席的邀请照相和请客。保育钧说：

"我是1990年去过华为，我们高层领导认为华为是私营企业，不敢去的，我那时候去的时候发现小孩们非常热情，每一个人都想给你介绍情况，一个一个都想当家做主的样子，20多岁的年轻人，那个热情劲儿，我在别的地方真看不到。任正非他一个两不，一个不上市，一个不许子女接班，就为企业内部的共同的财产，这条了不得。企业内部的创新，他有几个创新，一个是科技上的创新，中国民营企业的技术专利是他最多，研发投入他最多，一个内部管理的创新，许多员工都有自己的股，他自己股很少，他真正变成社会所有。中国的制造业有像他这样的企业不多。

"1998年大水，政协主席李瑞环主席发动民营企业捐款，最后李瑞环就许了个愿，超过50万以上的人我给他照张相，请他们吃饭。我记得任正非，华为捐得最多，1000多万，钱和物，通知他，他就不来，他觉得这是应该的事，别人千方百计还想钻进来，照个相，多光彩，他就不，很淡定，这是企业家。"

对于外界的各种猜测，任正非在正式场合回应说："我为什么不见媒体，因为我有自知之明。见媒体说什么？说好恐怕言过其实；说不好别人又不相信，甚至还认为虚伪，只好不见为好。因此，我才耐得住寂寞，甘于平淡。我知道自己的缺点并不比优点少，并不是所谓的刻意低调。"

在任正非看来，望华为员工"安安静静"地将工作执行到位，也告诫员工不要参与网上的辩论，如果那样做，"那是帮公司的倒忙。"

在华为高速发展的过程中，任正非坚持低调的行事风格，不仅符合中国国情，而且也与任正非的经历有关。在"文革"期间，任正非的父亲遭到批斗，导致任正非入伍后尽管多次立功，却一直没有通过入党申请。这让任正非习惯了不得奖的平静生活。文革结束后，"标兵""功臣"等荣誉排山倒海向任正非涌来。受过去经历对心理素质的"打磨"，面对这一切，任正非早已淡定。[1]

当然，正是这样的磨炼才让任正非明白了"静水潜流"的巨大力量。一直以来，任正非都在强调华为的经营管理要像静水潜流那样——沉静领导，灰色低调、踏实做事，不张扬、不激动。研究发现，任正非倡导的"静水潜流"之道表面看似非常平静，其实并非如此。

事实上，水看似最为柔弱的物质，却蕴含着战胜其他的最强大力量。老子在在《道德经第七十八章》写道："天下莫柔弱于水，而攻坚强者莫之能胜，以其无以易之。弱之胜强，柔之胜刚，天下莫不知，莫能行。是以圣人云：受国之垢，是谓社稷主；受国不祥，是为天下王。正言若反。"

这句话的意思是，水是世界上最柔弱的，但是它无坚不摧，没有什么能够胜过它，替代它。弱能胜强，柔能胜刚，天下没有不知道的，但很少有认真做做到。因此圣人说：能够承担起全国屈辱的，才能称为一国之主。能够担当国家灾难的，才算是一国之王。真理听起来都不是很顺耳。唐太宗李世民读后，把这句话总结为："水能载舟，也能覆舟。"

《中国企业家》杂志刊发了一则关于"静水潜流"的文章。在该文写道：

上善若水。水善利万物而不争，处众人之所恶，故几于道。水，以柔克刚，弱者也即强者，天下莫能与之争。

静，是一种没有摇旗呐喊的张扬，不显山不露水，不虚张声势的收敛，是一种蒋干盗书，看似漫不经心，其实是目标明确，精心策划，含而不露，

---

1 楚天金报.任正非：最神秘低调的总裁[N].楚天金报，2013-02-08.

心机深藏，一切都在不言之中达到目的。静，并不是真得平静，真得什么都没做，而是表面看起来是平平静静，其实是春雨润物，水滴石穿，蕴藏着巨大的能量，是"于无声处听惊雷"。

假如你不知水之深浅，拿起石头往水里，水花溅得起响，水声越是响亮，水就越浅，而溅不起什么水花，没有多大的水声，那水一定是深不可测，其蕴藏着的力量是巨大的。这就叫做"静水潜流"。[1]

在一些内部讲话中，任正非之所以强调低调，是因为任正非清楚静水潜流的巨大作用。任正非坦言，华为没有秘密，任正非也没有密码，请不要迷信华为，华为只是一个传说。

任正非解释说："我们要的是成功，不是口号。有人说华为公司运行得平平静静，没什么新闻，是不是没戏了。我们说这叫'静水潜流'。表面很平静的水流，下面的水可能很深很急。倒是那些很浅的水在石头上流过去的时候才会泛起浪花。"

仅仅低调是不够的，还需艰苦奋斗

低调、踏实做事，不张扬，不仅是静水潜流的具体体现，同时也是华为发展的一个关键因素。任正非说："我个人与任何政府官员没有任何私交关系，没有密切的工作伙伴；与中国任何企业家我没有往来，除了联想的柳传志、万科的王石，在20年中有过两次交往外；也没有与任何媒体任何记者有

---

1 中国企业家.任正非总结华为成功哲学:跳芭蕾的女孩都有一双粗腿[J]. 中国企业家，
   2014（10）.

交往。我个人的私人生活很痛苦，非常寂寞，找不到人一起玩。和基层员工离得更远一些，为了公司能够平衡，我得忍受这种寂寞，忍受这种孤独。"

在任正非看来，伟大的公司不仅需要低调，而且还必须艰苦奋斗，因为艰苦奋斗是华为文化的魂，是华为文化的主旋律。在《天道酬勤》一文中，任正非写道："艰苦奋斗是华为文化的魂，是华为文化的主旋律，我们任何时候都不能因为外界的误解或质疑动摇我们的奋斗文化，我们任何时候都不能因为华为的发展壮大而丢掉了我们的根本——艰苦奋斗。"

在该文中，任正非为什么会提及"任何时候都不能因为华为的发展壮大而丢掉了我们的根本——艰苦奋斗"呢？这还得从2006年的"胡新宇事件"开始讲起。

2006年6月，25岁的工程师胡新宇不幸因病去世。公开资料显示，胡新宇2005年毕业于成都电子科技大学，硕士学历，毕业后加盟华为，主要从事研发工作。

胡新宇在因病住医院以前，经常加班加点，甚至是打地铺过夜。在创业初期，华为的管理体系不完善，加上华为坚持客户至上的战略，很多员工经常需要工作至深夜，其后就铺一张垫子休息。这就是华为"床垫文化"的由来。

当胡新宇病故的新闻刊载许多大媒体上时，甚至有些媒体将胡新宇的病故批评为"过劳死"。如《纪念胡新宇君》、《天堂里不再有加班》、《华为员工的命只值一台交换机的钱》等文章，这样的报道无疑将华为推向了舆论的风口浪尖。

为了应对这来势汹汹的危机事件，时任华为公司新闻发言人的傅军在接受媒体采访时沉痛地说：

"胡新宇是一名很优秀的员工，他在工作、生活中都表现很出色，深受同事们的喜爱。他发病之后，公司的领导一直非常关注，指示要保证他的治疗费用，要不惜一切代价抢救，还从北京请来专家进行会诊。他住院期间，很多同事都去探望并自发捐款希望能留住他，公司上下都为他的不幸去世感到痛心，为新宇的父母失去这样优秀的儿子感到惋惜，对胡爸爸和胡妈妈致以真诚的慰问，在与家属沟通协商后，公司给家属一定数额的抚恤金。

"虽然专家诊断的结论是，胡新宇的去世跟加班没有直接的因果关系，但加班所造成的疲劳可能会导致免疫力下降，给了病毒可乘之机。所以这件事情发生之后，公司再一次重申了有关加班的规定：第一是加班至晚上10点以后，要领导批准；第二是严禁在公司过夜。"他又说，IT行业竞争很激烈，甚至很残酷，在华为面向全球的拓展中，有一些客户的要求需快速满足。因此一些团队和小组短期内加班来快速响应，这不仅仅在华为，在IT业界都是较为普遍的现象。

"即使需要加班，在加完班之后，按公司规定，加班的员工可以随后进行调休，公司也给员工发了温馨提示，希望大家关注身体健康，做到劳逸结合。

"当年公司第一代创业者就像当年美国硅谷的创业者们一样，经常挑灯夜战，甚至在公司过夜，这对当时处于创业期的华为来说是必要的。但创业期和发展期不一样。1996年之后，用床垫在公司过夜的情况非常少了。虽然几乎每个员工都有床垫，但那是用来午休的，不是用来在公司加班过夜的。[1]"

尽管华为公司新闻发言人傅军解释了床垫文化，并告知媒体网友误解了床垫文化，但是也由此拉开了批判华为"床垫文化"的浪潮。在媒体一场气

1　叶志卫，吴向阳.胡新宇事件再起波澜　华为称网友误解床垫文化[N].深圳特区报，2006-06-14.

势汹涌的声讨中，昔日曾笼罩在层层光环下的"狼性文化"在此次被质疑和批判，因为媒体将矛头对准了华为的企业文化，将"床垫文化"等同于"狼性文化"，认为这种只顾进攻而不善于顾念到人性的文化已经不合时宜。但是，一个不为大众所知的事实是，任正非从2000年开始就不大提"狼性文化"了。而"床垫文化"属于华为艰苦奋斗精神的重要组成部分，它是华为文化的魂，是华为之所以能走到今天的最重要的推力，是华为无论何时何地都必须坚持不懈地持有的重要文化。[1]

在媒体和外界一篇声讨"床垫文化"中。任正非却依然特立独行，有着自己的考量。在《天道酬勤》一文中，任正非回应了媒体的批评。任正非说：

"华为走到今天，在很多人眼里看来已经很大了、成功了。有人认为创业时期形成的'垫子文化'、奋斗文化已经不合适了，可以放松一些，可以按部就班，这是危险的。繁荣的背后，都充满危机，这个危机不是繁荣本身必然的特性，而是处在繁荣包围中的人的意识。艰苦奋斗必然带来繁荣，繁荣后不再艰苦奋斗，必然丢失繁荣。'千古兴亡多少事，不尽长江滚滚来'，历史是一面镜子，它给了我们多么深刻的启示。我们还必须长期坚持艰苦奋斗，否则就会走向消亡。当然，奋斗更重要的是思想上的艰苦奋斗，时刻保持危机感，面对成绩保持清醒头脑，不骄不躁。

"艰苦奋斗是华为文化的魂，是华为文化的主旋律，我们任何时候都不能因为外界的误解或质疑动摇我们的奋斗文化，我们任何时候都不能因为华为的发展壮大而丢掉了我们的根本——艰苦奋斗。"

---

1 龚文波.任正非如是说：中国教父级CEO的商道智慧[M]．P191-196.北京：中国经济出版社，2008.

在该文中，任正非继续写道：

"自创立那一天起，我们历经千辛万苦，一点一点地争取到订单和农村市场；另一方面我们把收入都拿出来投入到研究开发上。当时我们与世界电信巨头的规模相差200倍之多。通过一点一滴锲而不舍的艰苦努力，我们用了10余年时间，终于在2005年，销售收入首次突破了50亿美元，但与通信巨头的差距仍有好几倍。最近不到一年时间里，业界几次大兼并：爱立信兼并马可尼，阿尔卡特与朗讯合并、诺基亚与西门子合并，一下子使已经缩小的差距又陡然拉大了。我们刚指望获得一些喘息，直一直腰板，拍打拍打身上的泥土，没想到又要开始更加漫长的艰苦跋涉……

"华为茫然中选择了通讯领域，是不幸的，这种不幸在于，所有行业中，实业是最难做的，而所有实业中，电子信息产业是最艰险的；这种不幸还在于，面对这样的挑战，华为既没有背景可以依靠，也不拥有任何资源，因此华为人尤其是其领导者将注定为此操劳终生，要比他人付出更多的汗水和泪水，经受更多的煎熬和折磨。唯一幸运的是，华为遇上了改革开放的大潮，遇上了中华民族千载难逢的发展机遇。公司高层领导虽然都经历过公司最初的岁月，意志上受到一定的锻炼，但都没有领导和管理大企业的经历，直至今天仍然是战战兢兢，诚惶诚恐的，因为10余年来他们每时每刻都切身感悟到做这样的大企业有多么难。多年来，唯有更多身心的付出，以勤补拙，牺牲与家人团聚、自己的休息和正常的生活，牺牲了平常人都拥有的很多的亲情和友情，消蚀了自己的健康，经历了一次又一次失败的沮丧和受挫的痛苦，承受着常年身心的煎熬，以常人难以想象的艰苦卓绝的努力和毅力，才带领大家走到今天。

"18年来，公司高层管理团队夜以继日的工作，有许多高级干部几乎没有什么节假日，24小时不能关手机，随时随地都在处理随时发生的问题。现在，更因为全球化后的时差问题，总是夜里开会。我们没有国际大公司积累了几十年的市场地位、人脉和品牌，没有什么可以依赖，只有比别人更多一点奋斗，只有在别人喝咖啡和休闲的时间努力工作，只有更虔诚对待客户，否则我们怎么能拿到订单？

"为了能团结广大员工一起奋斗，公司创业者和高层领导干部不断地主动稀释自己的股票，以激励更多的人才加入到这从来没有前人做过和我们的先辈从未经历过的艰难事业中来，我们一起追寻着先辈世代繁荣的梦想，背负着民族振兴的希望，一起艰苦跋涉。公司高层领导的这种奉献精神，正是用自己生命的微光，在茫茫黑暗中，带领并激励着大家艰难地前行，无论前路有多少困难和痛苦，有多少坎坷和艰辛。

"中国是世界上最大的新兴市场，因此，世界巨头都云集中国，公司创立之初，就在自己家门口碰到了全球最激烈的竞争，我们不得不在市场的狭缝中求生存；当我们走出国门拓展国际市场时，放眼一望，所能看得到的良田沃土，早已被西方公司抢占一空，只有在那些偏远、动乱、自然环境恶劣的地区，他们动作稍慢，投入稍小，我们才有一线机会。为了抓住这最后的机会，无数优秀华为儿女离别故土，远离亲情，奔赴海外，无论是在疾病肆虐的非洲，还是在硝烟未散的伊拉克，或者海啸灾后的印尼，以及地震后的阿尔及利亚……，到处都可以看到华为人奋斗的身影。我们有员工在高原缺氧地带开局，爬雪山，越丛林，徒步行走了8天，为服务客户无怨无悔；有员工在国外遭歹徒袭击头上缝了30多针，康复后又投入工作；有员工在飞机失事中幸存，惊魂未定又救助他人，赢得当地政府和人民的尊敬；也有员工在恐怖爆炸中受伤，或几度患疟疾，康复后继续坚守岗位；我们还有3名年轻的非洲籍优秀员工在出差途中飞机失事不幸罹难，永远地离开了我们……

"18年的历程，10年的国际化，伴随着汗水、泪水、艰辛、坎坷与牺牲，我们一步步艰难地走过来了，面对漫漫长征路，我们还要坚定地走下去。"

翻阅资料发现，《天道酬勤》一文刊发在华为公司内部刊物《华为人》报（第178期）2006年7月21日的头版头条上，任正非在文中回顾了华为艰苦奋斗的传统和不断积极进取的危机意识，再次重申华为"不奋斗，华为就没有出路"的指导思想。

有研究者甚至认为，该文也是对网络热炒"过劳死"、"床垫文化"等指责的非正式回应，同时，在内部员工层面实现了高度统一的认识。随着这篇文章很快流传开来，华为对"艰苦奋斗"精神的坚持很快赢得了社会公众的支持，而原先喧嚣于网络的指责之声也日渐沉寂了下去。一场公关危机从万夫所指到后来的逐渐平息，显示了任正非在处理企业危机时的果敢与坚决。[1]

---

1 龚文波.任正非如是说：中国教父级CEO的商道智慧[M]：P191-196.北京：中国经济出版社，2008.

第十八章

"灰度"：没有妥协就没有灰度

　　一个清晰方向，是在混沌中产生的，是从灰色中脱颖而出，方向是随时间与空间而变的，它常常又会变得不清晰。并不是非白即黑、非此即彼。合理地掌握合适的灰度，是使各种影响发展的要素，在一段时间和谐，这种和谐的过程叫妥协，这种和谐的结果叫灰度。

——华为创始人　任正非

任正非的管理灰度

　　当华为发布2013年报，2013年华为各项业务持续有效增长，实现全球销售收入2390亿元人民币，同比增长8.5%，净利润210亿元。其后，华为犹如一枚重磅炸弹再次引起中国业界的关注和反思，甚至诸多企业把华为作为自己借鉴和参考的标杆企业。

　　当然，诸多企业关注华为的背景是，在后金融危机中，华为不仅没有收到金融危机的影响而发展速度下降，相反还一直保持良好的增长势头，而且其国际化步伐一直迈得坚实有力。即使在金融危机爆发的2008年，华为的国际收入已占到整体销售收入的75%。不仅如此，华为在2008年国际专利的申请数量竟然超越了丰田和飞利浦，成为名副其实的专利申请世界企业第一。华为的表现也赢得了美国财经杂志《商业周刊》的认可，在《商业周刊》杂志评选出的全球十大最具影响力公司中，华为是唯一上榜的中国企业。

在华为高级管理顾问吴春波看来，华为作为一个中国的、非上市的、民营的、高科技的企业，只是一种"现象"，对于中国企业，其模仿与借鉴价值并不太大，但是隐含于华为现象成功背后的经营管理的哲学与理念，则值得中国企业和企业家思考。[1]

的确，任正非的经营管理可归结为均衡的思想。自2001年起，在任正非总结的华为"十大管理要点"中，不管内外部环境发生了如何的变化，"坚持均衡发展"一直放在第一条。可以讲，任正非的经营管理思想的核心就是均衡，均衡是其最高的经营管理哲学。任正非自称是一个有"灰度"的人，他认为，介于黑与白之间的灰度，是十分难掌握的。[2]

可能读者会好奇地问，什么是灰度？所谓灰度色，就是指纯白、纯黑以及两者中的一系列从黑到白的过渡色。我们平常所说的黑白照片、黑白电视，实际上都应该称为灰度照片、灰度电视才确切。灰度色中不包含任何色相，即不存在红色、黄色这样的颜色。灰度的通常表示方法是百分比，范围从0%到100%。Photoshop中只能输入整数，在Illustrator和GoLive允许输入小数百分比。注意这个百分比是以纯黑为基准的百分比。与RGB正好相反，百分比越高颜色越偏黑，百分比越低颜色越偏白。灰度最高相当于最高的黑，就

1　吴春波.任正非间于"黑""白"之间的灰度管理哲学[N].中国经营报，2010-10-27.
2　吴春波.任正非间于"黑""白"之间的灰度管理哲学[N].中国经营报，2010-10-27.

是纯黑。灰度最低相当于最低的黑，也就是"没有黑"，那就是纯白。[1]

从灰度的定义可以看出，灰色，是纯白、纯黑以及两者中的一系列从黑到白的过渡色。自然界中的大部分物体的平均灰度为18%。灰度一词，在华为语境中有着重要的地位，是任正非在许多重要讲话中使用的词汇。[2]如在2008年市场部年中大会上的讲话中，任正非讲道："开放、妥协、灰度是华为文化的精髓，也是一个领导者的风范。"

为了更好地阐释灰度管理，《中国企业家》在任正非总结华为成功哲学《跳芭蕾的女孩都有一双粗腿》一文中指出，唯物辩证法告诉我们，矛盾的观点，对立统一的观点，是认识事物最根本的观点。矛盾极其复杂多样，其运动形态决不仅仅是斗争一种形态，矛盾的同一性或统一性是更为普遍的形态。所以，我们不能形而上学地认为世间的事物是有你没我、你死我活、非白即黑，更普遍的形态是你中有我、我中有你，你活我也活，黑中见白、白中有黑；在一定条件下黑白可能互相转化，黑可能变白，白亦可变黑。所以，在认识事物中，那种极端的观点，绝对化的观点，一成不变的观点都是不正确的。任正非是深谙唯物辩证法的高手，他借用"灰度"一词教育干部和员工不要走极端，成为华为管理哲学中的精华之一。[3]

---

1 百度百科.灰度[EB/OL].2014.http://baike.baidu.com/item/灰度?fr=aladdin.

2 中国企业家.任正非总结华为成功哲学:跳芭蕾的女孩都有一双粗腿[J]. 中国企业家，2014（10）.

3 中国企业家.任正非总结华为成功哲学:跳芭蕾的女孩都有一双粗腿[J]. 中国企业家，2014（10）.

正确方向来自于妥协

在任正非的经营管理中，较为推崇灰度管理哲学。在任正非看来，"合二为一"不是黑白不两立的"一分为二"，而是可以融合的。正是华为在灰度理论的支配下，任正非同时强调开放与妥协，反对"斗争哲学"，崇尚合作精神与建设性，使得华为迎来了大发展。

任正非推崇灰度管理哲学有其独特的看法，2011年，任正非曾经在与经营大师稻盛和夫会谈时，当日方演讲者按照PPT有条不紊地演讲结束时，任正非对陪同的华为高管们说，"日本跟不上变化的世界。"当华为副董事长郭平也按照同样的方式讲述之后，任正非苦叹一句："华为必死无疑……"[1]

可能读者会好奇地问："任正非的忧虑是什么？"《华为基本法》里就能给读者回答这个问题。

在《华为基本法》中，处处可见悖论，处处可见闭环。如"我们既要如何，又要如何……"在20多年来的任正非的文章与讲话，也常常充满互为对立但实则统一的言论，关键是在什么样的时空条件下。比如战略定位必须清晰，这样前后方作战的将士们才能有明确的目标与方向；但时空条件发生变化了，战略定位也会跟着发生调整；比如民主与权威的关系，前者代表活力与创造性，后者代表秩序，两者缺一不可，但如何拿捏分寸？既要有制度的制衡，又要有领导者集体的权变艺术。[2]

在管理中，科学、合理地治理企业，的确需要一个恰当的分寸。为此，

---

1 中国企业家网.任正非：华为为什么不上市？[EB/OL].2014.http://www.iceo.com.cn/
renwu/35/2012/1129/260809.shtml.
2 中国企业家网.任正非：华为为什么不上市？[EB/OL].2014.http://www.iceo.com.cn/
renwu/35/2012/1129/260809.shtml.

任正非说道："灰度是常态，黑与白是哲学上的假设，所以，我们反对在公司管理上走极端，提倡系统性思维。"

在任正非看来，清晰的方向来自灰度。在《管理的灰度》一文中，任正非写道：

一个领导人重要的素质是方向、节奏。他的水平就是合适的灰度。坚定不移的正确方向来自灰度、妥协与宽容。

一个清晰方向，是在混沌中产生的，是从灰色中脱颖而出，方向是随时间与空间而变的，它常常又会变得不清晰。并不是非白即黑、非此即彼。合理地掌握合适的灰度，是使各种影响发展的要素，在一段时间和谐，这种和谐的过程叫妥协，这种和谐的结果叫灰度。

妥协一词似乎人人都懂，用不着深究，其实不然。妥协的内涵和底蕴比它的字面含义丰富得多，而懂得它与实践更是完全不同的两回事。我们华为的干部，大多比较年轻，血气方刚，干劲冲天，不大懂得必要的妥协，也会产生较大的阻力。

我们纵观中国历史上的变法，虽然对中国社会进步产生了不灭的影响，但大多没有达到变革者的理想。我认为，面对它们所处的时代环境，他们的变革太激进、太僵化，冲破阻力的方法太苛刻。如果他们用较长时间来实践，而不是太急迫、太全面，收效也许会好一些。其实就是缺少灰度。方向是坚定不移的，但并不是一条直线，也许是不断左右摇摆的曲线，在某些时段来说，还会划一个圈，但是我们离得远一些或粗一些来看，它的方向仍是紧紧地指着前方。

我们今天提出了以正现金流、正利润流、正的人力资源效率增长，以及通过分权制衡的方式，将权力通过授权、行权、监管的方式，授给直接作战部队，也是一种变革。在这次变革中，也许与20年来的决策方向是有矛盾的，也将涉及许多人的机会与前途，我想我们相互之间都要有理解与宽容。

从任正非的这篇文章中不难看出，在华为，始终用"灰度"的思想指导华为的各项实践。如公司设计自身所有制的实践，正确处理本土化和国际化的实践，如何正确对待客户、竞争对手、供应商的实践，内部管理上正确处理质量与成本、拿合同与保进度的实践，处理守成与创新的实践，处理员工身份的实践，处理人事制度变革的实践，等等，在这些实践中，华为都坚持了"灰度"的指导思想。实践证明，"灰度"思想是指导华为公司实践取得成功的重要"法宝"。[1]

没有妥协就没有"灰度"

在目前这个浮躁而又英雄匮乏的年当下，永不退让、强硬的进攻态势总让人难忘。如俄罗斯现任总统普京因为强势而赢得世界最具权势的总统，把超级大国的奥巴马总统拉下。尽管美国媒体很不情愿，但是也不得不让位于这位开飞机、骑大马的俄罗斯总统。足以看出，在世界人们的眼里，强权人物依然大受欢迎。

然而，任正非却有着自己的解读，在经营管理中，任正非坚持没有妥协就没有"灰度"、"坚定不移的正确方向，来自灰度、妥协与宽容"。在任正非的管理改进中，坚决反对的第一条，就是"坚决反对完美主义"。

1　中国企业家.任正非总结华为成功哲学:跳芭蕾的女孩都有一双粗腿[J]. 中国企业家，
　　2014（10）.

　　任正非说："纵观中国历史上的变法，虽然对中国社会进步产生了不灭的影响，但大多没有达到变革者的理想。我认为，面对它们所处的时代环境，他们的变革太激进、太僵化，冲破阻力的方法太苛刻。如果他们用较长时间来实践，而不是太急迫、太全面，收效也许会好一些。其实就是缺少灰度。"

　　在任正非看来，没有妥协就没有"灰度"。在《管理的灰度》一文中，任正非写道：

　　坚持正确的方向，与妥协并不矛盾，相反妥协是对坚定不移方向的坚持。当然，方向是不可以妥协的，原则也是不可妥协的。但是，实现目标过程中的一切都可以妥协，只要它有利于目标的实现，为什么不能妥协一下?当目标方向清楚了，如果此路不通，我们妥协一下，绕个弯，总比原地踏步要好，干嘛要一头撞到南墙上?

　　在一些人的眼中，妥协似乎是软弱和不坚定的表现，似乎只有毫不妥协，方能显示出英雄本色。但是，这种非此即彼的思维方式，实际上是认定人与人之间的关系是征服与被征服的关系，没有任何妥协的余地。

　　"妥协"其实是非常务实、通权达变的丛林智慧，凡是人性丛林里的智者，都懂得恰当时机接受别人妥协，或向别人提出妥协，毕竟人要生存，靠的是理性，而不是意气。

　　"妥协"是双方或多方在某种条件下达成的共识，在解决问题上，它不是最好的办法，但在没有更好的方法出现之前，它却是最好的方法，因为它有不少的好处。

　　妥协并不意味着放弃原则，一味地让步。明智的妥协是一种适当的交换。为了达到主要的目标，可以在次要的目标上做适当的让步。这种妥协并不是完全放弃原则，而是以退为进，通过适当的交换来确保目标的实现。相反，不明智的妥协，就是缺乏适当的权衡，或是坚持了次要目标而放弃了主要目标，或是妥协的代价过高遭受不必要的损失。

明智的妥协是一种让步的艺术，妥协也是一种美德，而掌握这种高超的艺术，是管理者的必备素质。

只有妥协，才能实现"双赢"和"多赢"，否则必然两败俱伤。因为妥协能够消除冲突，拒绝妥协，必然是对抗的前奏；我们的各级干部真正领悟了妥协的艺术，学会了宽容，保持开放的心态，就会真正达到灰度的境界，就能够在正确的道路上走得更远，走得更扎实。

在任正非的管理思维中，宽容和妥协并是一种智慧，并非软弱。如同任正非所言："宽容所体现出来的退让是有目的有计划的，主动权掌握在自己的手中。无奈和迫不得已不能算宽容。只有勇敢的人，才懂得如何宽容，懦夫决不会宽容，这不是他的本性。宽容是一种美德。"

在管理实践中，妥协是务实、通权达变的丛林智慧。任正非说道："凡是人性丛林里的智者，都懂得恰当时机接受别人妥协，或向别人提出妥协，毕竟人要生存，靠的是理性，而不是意气"。

在任正非看来，要想使得华为快速地发展，必须考虑各个方面的利益，设法让这些利益方达成妥协，多元价值之间要设法彼此宽容，最终达成多重利益和多元价值基础上的团结。妥协很可能是特定利益格局下无奈让步的结果：很多情况下，一个安排明明不合理也只能勉强接受；同样，宽容很可能意味着"井水不犯河水"的回避主义，"惹不起但躲得起"的退让主义，甚至"大人不见小人怪"的恩赐主义。[1]

---

1 汪小星，孙嘉芸.华为任正非：不做僵化的西方样板[N]. 南方都市报，2010-03-02.

附录一　任正非经典语录

1.与新老朋友相交时，都要诚实可靠，避免说大话。要说到做到，不放空炮，做不到宁可不说。

注解：这正是古代贤哲一再教导我们的，要言行一致。

2.生意人唯利是图、有钱就赚；商人有所为、有所不为；而企业家必须承担社会的责任、创造价值、完善社会。

注解：企业家是在做有高度的事业，也是在做有道德的人。

3.诚信是个基石，最基础的东西往往是最难做的。但是谁做好了这个，谁就路可以走得很长、很远。

注解：连孙猴子这个非人类都知道"人而无信，不知其可"。

4.任正非在一次董事会上说："将来董事会的官方语言是英语，我自己58岁还在学外语，你们这些常务副总裁就自己看着办吧。"

注解：言外之意，华为必须走向国际化。

5.任正非批复华为基本法提纲时说："要在动力基础上健全约束机制，否则企业内部会形成布朗运动"。

注解：有规则、无动力，企业就会死水一潭；有动力、无规则，企业就会发散成无序的布朗运动，难以形成核心能力。

6.竞争，我认为在商业过程中，它是场游戏，可它更是一门艺术。第一点，是要向竞争者学习。只有向竞争者学习的人才会进步。

注解：在商业中摸爬滚打，没有竞争是不行的。

7.如果在你竞争过程中，你自己觉得越来越累，一定是你出了问题。应该让对手越来越累，你越来越开心。自得到的结果是，让对手心服口服地说，我输了，你比我厉害。这样的竞争者才是我们倡导的竞争者。

注解：因此说，竞争的目标就是：累死你，我歇会。

8.我想也许你太在乎自己，太想得到一些东西。人要成功一定要有永不放弃的精神，但你学会放弃的时候，你才开始进步。

注解：收紧的拳头才最有力量。

9.在华为的员工大会上，任正非提问："2000年后华为最大的问题是什么？"大家回答：不知道。任正非告诉大家：是钱多得不知道如何花，你们家买房子的时候，客厅可以小一点、卧室可以小一点，但是阳台一定要大一点，还要买一个大耙子，天气好的时候，别忘了经常在阳台上晒钱，否则你的钱就全发霉了。

注解：钱多未必就是好事，不懂的如何合理的利用资金的话，再多的钱也会发霉。

10.华为没有成功，只是在成长。

注解：华为才发展了十几年，绝不能算作成功，能够长期持续的存活，成就百年基业，也许才是成功。

11.心中无敌，才能无敌于天下。

注解：用气势就能把对方吓倒。

12.不光要承认错误，还要勇于承担责任。

注解：会承担责任，才能证明你已经长大成人了。

13.有结果不一定会成功，但没有结果的人一定会失败。

注解：就像在战场上，拼尽全力了不一定能保住命，但不拼的话，你一定会没命。

14.这个世界不是因为你能做什么，而是你该做什么。

注解：找准自己的位置和方向。

15.创意是企业运营中一个很重要的一环，但它只是一环，不是所有，所以要把每项工作落实到实处。

注解：务实是最基本的东西。

16.茶壶里煮饺子，倒不出来就不算饺子。

注解：能力再强，需要工作绩效来体现。绩效考核考评的是工作中表现出来的过程行为和最终结果，而不是能力。

17.进了华为就是进了坟墓。

注解：马克思也曾经说过："科学的入口处就是地狱的入口处"，任正非意在勉励研发人员树立刻苦献身的工作态度。有一篇文章叫《硅谷：生机盎然的坟场》，讲的是美国硅谷创业者们的故事。硅谷正是靠不断"埋葬"一代又一代的优秀人才，才构建了今天的繁荣。

18.建立自我，追求忘我。

注解：该想起的时候要想起，该遗忘的时候要遗忘。

19.做一份工作，做一份喜欢的工作就是很好的创业。

注解：成功就是这么简单：把自己喜欢的事重复地做下去。

20.不是你的公司在哪里，有时候你的心在哪里，你的眼光在哪里更为重要。

注解：千万不要犯"身在曹营心在汉"的错误。

21.不想当将军的士兵不是好士兵，但是一个当不好士兵的将军一定不是好将军。

注解：成功也是一步一步地积累出来的。

22.一个创业者最重要的，也是你最大的财富，就是你的诚信。

注解：诚信是你的底牌。

23.小公司的战略就是两个词：活下来，挣钱。

注解：生存是第一要务。

24.5年以后还想创业，你再创业。

注解：这证明你已经思考得很成熟了。

25.1996年，任正非听取完生产计划和销售计划工作汇报后，送给生产计划主管和销售计划主管每人一双工作靴，让他们走与工农兵相结合的道路。

注解：深入实际，了解基层和上下游业务部门的需求，才能够发现问题、解决问题。

26.生存下来的第一个想法是做好，而不是做大。

注解：正所谓"一口吃不成胖子"。

27.创业者书读得不多没关系，就怕不在社会上读书。

注解：赵括是怎么死的想必大家都知道。

28.任正非在一次高层会议上提问："我的水平为什么比你们高？"大家回答：不知道。任正非说："因为我从每一件事情（成功或失败）中，都能比你们多体悟一点点东西，事情做多了，水平自然就提高了。"

注解：勤于思考，注重在实践中积累和学习。

29."华为没有院士，只有院土。要想成为院士，就不要来华为。"

注解："院土"，即任正非所说的"工程商人"。企业搞产品研发，不是搞发明创造，不是要破解哥德巴赫猜想，而是要对产品的市场成功（商业成功）负责。

30.在今天的商场上已经没有秘密了，秘密不是你的核心竞争力。

注解：世上没有不透风的墙，秘密多了是负担。

31.很多人失败的原因不是钱太少，而是钱太多。

注解：所以说，一些人穷得只剩下钱了。

32.在新员工座谈会上，新员工问："任正非总裁您对我们新员工最想说的是什么？"任正非回答："自我批判、脱胎换骨、重新做人，做个踏踏实实的人。"

注解：校园文化与企业文化是不同的，校园文化没有明确的商业目的，只是教会学生如何做人。企业文化有明确的商业目的，一切要以商业利益为中心。企业需要的是工程商人，刚从学校毕业的学生需要完成从校园人向企业人/工程商人的转变。

33.概念到今天这个时代已经不能卖钱了。

注解：搞艺术的可以忽悠人，搞实业的忽悠人等于自杀。

34.创业者光有激情和创新是不够的，它需要很好的体系、制度，团队以及良好的盈利模式。

注解：激情不会长久，思维不会长新，按规矩办事最可靠。

35.赚钱模式越来越多说明你没有模式。

注解：贪多嚼不烂。

36.我们的战略规划办，是研究公司3年~5年的发展战略，不是研究公司10年、20年之后的发展战略，我不知道公司是否能够活过20年。如果谁要能够说出20年之后华为做什么话，我就可以论证：20年后人类将不吃粮食，改吃大粪，我的道理是……

注解：在迅速变化的市场环境中，规划和预测5年的发展，已经非常的困难，预测20年的人，可以成为未来学家，但绝不是在企业里。

37.最优秀的模式往往是最简单的东西。

注解：简单的东西做到极致就是成功。

38.建一个公司的时候要考虑有好的价值才卖。如果一开始想到卖，你的路可能就走偏掉。

注解：目的不纯，结果就会走样。

39.任正非问人力资源部员工："如果邓小平到华为公司应聘，我们是否录用？"

注解：企业在招聘人才的时候，一定要考虑人/职的匹配，邓小平不是不能用，但是先要考虑清楚用来干什么？

40.1999年，内地某副市长来华为考察参观，在欢迎晚宴上，副市长问任正非："为了促进企业的发展，政府究竟应该干些什么？"任正非笑着回答道："政府什么也不要干，政府只要把道路修好、把城市绿化好，就是对企业最大的帮助。"

注解：政府在转变职能的过程中，可以多听听来自企业的意见。

41.人要有专注的东西，人一辈子走下去挑战会更多，你天天换，我就怕了你。

注解：力量集中在一点上，水滴也能穿石。

42.先做人，再做事；小成靠智，大成靠德。如果你人做不好，做的事就不是人事。

注解：不管做什么事，都不要忘记，我们首先是个人。

43.有一次任正非对财务总监说："你最近进步很大，从很差进步到了比较差"。

注解：质量管理大师戴明博士从日本回美国后，遭到美国企业界抨击，指责戴明教会了日本人，增强了日本企业同美国的竞争能力。戴明博士解释说："我并没有教日本企业任何东西，只是告诉他们一个道理，就是每天进步1%"。也就是持续改进。

44.我不要一流的创意三流的执行，我宁可要一流的执行三流的创意。

注解：创意是0，执行是1，纵使0再多，没有1，也是徒劳。

45.一个领导者首先是做正确的事，其次才是正确地做事，这个顺序不能颠倒。一个人要想办法让自己快乐，让团队快乐。每个组织成员都要有清晰的角色定位，所有人都认为你有问题，你就一定有问题。

注解：不光是领导，每一个人都应该这样，先做正确的事，再正确地做事；工作其实也是生活，没必要整天愁眉苦脸的，当你自己快乐的时候，也会给大家带来快乐；有句话说，群众的眼睛是雪亮的，在别人的眼里，我们能看到一个真实的自己。

46.愚蠢的人用嘴讲话，聪明的人用脑子讲话，智慧的人用心讲话或者说用行动讲话。能反映一个人本质的是那些小动作，小动作太多就会让人不信任。

注解：言谈可以体现一个人的很多特点，所谓祸从口出。

47.华为一新员工，刚到华为时，就公司的经营战略问题，写了一封"万言书"给任正非，任正非批复："此人如果有精神病，建议送医院治疗；如果没病，建议辞退。"

注解："小改进，大奖励；大建议，只鼓励"。员工最重要的还是要做好本职工作，不要把主要精力放在构思"宏伟蓝图"、做"天下大事"上面。作为一名新员工，对企业没有任何的理解，怎么可能提出合乎实际的建议。

48.在一次华为公司总裁办公会上，任正非问："毛泽东会打枪吗？谁见过毛泽东打枪？他要打枪恐怕要打到自己的脚趾头上。但是毛泽东会运动群众，会运动干部。"

注解：管理者是通过调动别人以及其他资源来完成工作，你的下属的成功决定你的成功。这也是惠普的成功之道。

49.在一个商业组织里，有业绩而无价值观的是野狗，要杀掉；没有业绩有价值观的是小白兔，也一样要杀掉。

注解：商人要既会做事，更要会做人，缺一不可。

50.只为失败的结果而遗憾，不为失败的原因去遗憾，那将是遗憾中的遗憾。

注解：失败了并不可怕，可怕的是不知道为什么会失败。

51.成功就是将平凡的事情做到不平凡。要为成功找方法，不要为失败找理由。

注解：成功很简单，沉下心来认真地做事。不管是成功还是失败都要从中吸取经验教训。

52.战略中最重要的部分是组织目标，没有清晰明确目标的团队就是一群无头苍蝇。战略是什么？战略就是重点突破！

注解：目标明确，力量才容易集中。

53.暴露自己的弱点并不可怕，弱点是藏不住的。

注解：俗话说金无足赤，人无完人，掩饰自己的弱点只会弄巧成拙。

54.在20岁前，事业上的成果百分之百靠双手勤劳换来；20岁至30岁之前，事业已有些小基础，那10年的成功，10%靠运气好，90%仍是由勤劳得来；之后，机会的比例也渐渐提高，到现在，运气已差不多要占三至四成了。不敢说一定没有命运，但假如一件事在天时、地利、人和等方面皆相背时，那肯定不会成功。若我们贸然去做，失败时便埋怨命运，这是不对的。

注解：年轻人踏踏实实地做事最重要，所谓的运气也不过是勤劳的副产品，要知道，天上是不会掉馅饼的。

55.时光不能倒流，如果人能够从80岁开始倒过来活的话，人生一定会更加精彩。

注解：年轻人不要光从书本上学习，一定要学会从实践中学习，从经历的失败和磨难中学习。

56.你要相信世界上每一个人都精明，要令人信服并喜欢和你交往，那才最重要。

注解：不要小看别人，更不要把他们当傻子，相信人脉就是钱脉。

57.即使本来有100的力量足以成事，但我要储足200的力量去攻，而不是随便去赌一赌。

注解：不打无准备之战，战之必克。

58.一般而言；我对那些默默无闻，但做一些对人类有实际贡献的事情的人，都心存景仰，我很喜欢看关于那些人物的书。无论在医疗、政治、教育、福利哪一方面，对全人类有所帮助的人，我都很佩服。

注解：为人类谋福利，这是最让人尊敬的事，即使默默无闻，历史也会记住他们的。

59.2001年，杨元庆来华为参观时，杨元庆表示联想要加大研发投入，做高科技的联想，任正非以一位长者的口吻对他说："开发可不是一件容易的事，你要做好投入几十个亿，几年不冒泡的准备。"

注解：研发作为一种战略性投资，其利益与风险同时存在。

60.人才取之不尽，用之不竭。你对人好，人家对你好是很自然的，世界上任何人都可以成为你的核心人物。

注解：人都是有感情的，你付出了真心，别人也会回报你真意。

61.知人善任，大多数人都会有部分的长处，部分的短处，各尽所能，各得所需，以量才而用为原则。

注解：寸有所长，尺有所短，所谓的人才，是在某一方面能力突出，任用的时候就要突出他这方面的特点。

62.做人最要紧的是让人由衷地喜欢你，敬佩你本人，而不是你的财力，也不是表面上的服从。

注解：要做人格高尚的人，不要做唯利是图的人。

63. "王小二卖豆浆，能卖1块钱一碗，为什么要卖5毛钱？我们产品的毛利，要限定在一定水平，太高或太低都不合适。"

注解：有时，自己给自己的优势产品降价，不要等竞争对手进入后再降价，用抬高进入的门槛，来阻止新的竞争者进入，反而能够获得长远的竞争优势，INTEL就是典范。

64. 决定一件事时，事先都会小心谨慎研究清楚，当决定后，就勇往直前去做。

注解：知己知彼，百战不殆。

65. 在剧烈的竞争当中多付出一点，便可多赢一点。就像参加奥运会一样，你看一、二、三名，跑第一的往往只是快了那么一点点。

注解：有时候，胜负就在一线间。

66. 人生自有其沉浮，每个人都应该学会忍受生活中属于自己的一份悲伤，只有这样，你才能体会到什么叫做成功，什么叫做真正的幸福。

注解：人生总有不平事，百忍成金。

67. 苦难的生活，是我人生的最好锻炼，尤其是做推销员，使我学会了不少东西，明白了不少事理。所有这些，是我今天10亿、100亿也买不到的。

注解：吃得苦中苦，方为人上人。苦难也是一笔宝贵的财富，要好好珍惜。

68. 在事业上谋求成功，没有什么绝对的公式。但如果能依赖某些原则的话，能将成功的希望提高很多。

注解：所谓的原则，一定是正当的，不损害别人利益的。

69. 人们赞誉我是超人，其实我并非天生就是优秀的经营者。到现在我只敢说经营得还可以，我是经历了很多挫折和磨难之后，才领会了一些经营的要诀。

注解：失败是成功之母，实践出真知。

70.任正非指着华为常务副总裁郑宝用说："郑宝用，一个人能顶10000个"。然后又指着另外一位副总裁说："你，10000个才能顶一个"。

注解：同在华为屋檐下，人和人的差距咋这么大呢？

附录二　华为基本法

第一章　公司的宗旨

一、核心价值观

（追求）

第一条 华为的追求是在电子信息领域实现顾客的梦想，并依靠点点滴滴、锲而不舍的艰苦追求，使我们成为世界级领先企业。

为了使华为成为世界一流的设备供应商，我们将永不进入信息服务业。通过无依赖的市场压力传递，使内部机制永远处于激活状态。

（员工）

第二条 认真负责和管理有效的员工是华为最大的财富。尊重知识、尊重个性、集体奋斗和不迁就有功的员工，是我们事业可持续成长的内在要求。

（技术）

第三条 广泛吸收世界电子信息领域的最新研究成果，虚心向国内外优秀企业学习，在独立自主的基础上，开放合作地发展领先的核心技术体系，用我们卓越的产品自立于世界通信列强之林。

（精神）

第四条 爱祖国、爱人民、爱事业和爱生活是我们凝聚力的源泉。责任意识、创新精神、敬业精神与团结合作精神是我们企业文化的精髓。实事求是是我们行为的准则。

（利益）

第五条 华为主张在顾客、员工与合作者之间结成利益共同体。努力探索按生产要素分配的内部动力机制。我们决不让雷锋吃亏，奉献者定当得到合理的回报。

（文化）

第六条 资源是会枯竭的，唯有文化才会生生不息。一切工业产品都是人类智慧创造的。华为没有可以依存的自然资源，唯有在人的头脑中挖掘出大油田、大森林、大煤矿……精神是可以转化成物质的，物质文明有利于巩固精神文明。我们坚持以精神文明促进物质文明的方针。

这里的文化，不仅仅包含知识、技术、管理、情操……也包含了一切促进生产力发展的无形因素。

（社会责任）

第七条 华为以产业报国和科教兴国为己任，以公司的发展为所在社区作出贡献。为伟大祖国的繁荣昌盛，为中华民族的振兴，为自己和家人的幸福而不懈努力。

二、基本目标

（质量）

第八条 我们的目标是以优异的产品、可靠的质量、优越的终生效能费用比和有效的服务，满足顾客日益增长的需要。

质量是我们的自尊心。

（人力资本）

第九条 我们强调人力资本不断增值的目标优先于财务资本增值的目标。

（核心技术）

第十条 我们的目标是发展拥有自主知识产权的世界领先的电子和信息技术支撑体系。

（利润）

第十一条 我们将按照我们的事业可持续成长的要求，设立每个时期的合理的利润率和利润目标，而不单纯追求利润的最大化。

三、公司的成长

（成长领域）

第十二条 我们进入新的成长领域，应当有利于提升公司的核心技术水平，有利于发挥公司资源的综合优势，有利于带动公司的整体扩张。顺应技术发展的大趋势，顺应市场变化的大趋势，顺应社会发展的大趋势，就能使我们避免大的风险。

只有当我们看准了时机和有了新的构想，确信能够在该领域中对顾客作出与众不同的贡献时，才进入市场广阔的相关新领域。

（成长的牵引）

第十三条 机会、人才、技术和产品是公司成长的主要牵引力。这四种力量之间存在着相互作用。机会牵引人才，人才牵引技术，技术牵引产品，产品牵引更多更大的机会。加大这四种力量的牵引力度，促进它们之间的良性循环，就会加快公司的成长。

（成长速度）

第十四条 我们追求在一定利润率水平上的成长的最大化。我们必须达到和保持高于行业平均的增长速度和行业中主要竞争对手的增长速度，以增强公司的活力，吸引最优秀的人才，和实现公司各种经营资源的最佳配置。在电子信息产业中，要么成为领先者，要么被淘汰，没有第三条路可走。

（成长管理）

第十五条 我们不单纯追求规模上的扩展，而是要使自己变得更优秀。因此，高层领导必须警惕长期高速增长有可能给公司组织造成的脆弱和隐藏的缺点，必须对成长进行有效的管理。在促进公司迅速成为一个大规模企业的同时，必须以更大的管理努力，促使公司更加灵活和更为有效。始终保持造势与做实的协调发展。

四、价值的分配

（价值创造）

第十六条 我们认为，劳动、知识、企业家和资本创造了公司的全部价值。

（知识资本化）

第十七条 我们是用转化为资本这种形式，使劳动、知识以及企业家的管理和风险的累积贡献得到体现和报偿；利用股权的安排，形成公司的中坚力量和保持对公司的有效控制，使公司可持续成长。知识资本化与适应技术和社会变化的有活力的产权制度，是我们不断探索的方向。

我们实行员工持股制度。一方面，普惠认同华为的模范员工，结成公司与员工的利益与命运共同体。另一方面，将不断地使最有责任心与才能的人进入公司的中坚层。

（价值分配形式）

第十八条 华为可分配的价值，主要为组织权力和经济利益；其分配形式是：机会、职权、工资、奖金、安全退休金、医疗保障、股权、红利，以及其他人事待遇。我们实行按劳分配与按资分配相结合的分配方式。

（价值分配原则）

第十九条 效率优先，兼顾公平，可持续发展，是我们价值分配的基本原则。

按劳分配的依据是：能力、责任、贡献和工作态度。按劳分配要充分拉开差距，分配曲线要保持连续和不出现拐点。股权分配的依据是：可持续性贡献、突出才能、品德和所承担的风险。股权分配要向核心层和中坚层倾斜，股权结构要保持动态合理性。按劳分配与按资分配的比例要适当，分配数量和分配比例的增减应以公司的可持续发展为原则。

（价值分配的合理性）

第二十条 我们遵循价值规律，坚持实事求是，在公司内部引入外部市场压力和公平竞争机制，建立公正客观的价值评价体系并不断改进，以使价值分配制度基本合理。衡量价值分配合理性的最终标准，是公司的竞争力和成就，以及全体员工的士气和对公司的归属意识。

第二章　基本经营政策

一、经营重心

（经营方向）

第二十一条 我们中短期经营方向集中在通信产品的技术与质量上，重点突破、系统领先，摆脱在低层次市场上角逐的被动局面，同时发展相关信息产品。公司优先选择资源共享的项目，产品或事业领域多元化紧紧围绕资源共享展开，不进行其他有诱惑力的项目，避免分散有限的力量及资金。

我们过去的成功说明，只有大市场才能孵化大企业。选择大市场仍然是我们今后产业选择的基本原则。但是，成功并不总是一位引导我们走向未来的可靠向导。我们要严格控制进入新的领域。

对规划外的小项目，我们鼓励员工的内部创业活动，并将拨出一定的资源，支持员工把出色的创意转化为顾客需要的产品。

（经营模式）

第二十二条 我们的经营模式是，抓住机遇，靠研究开发的高投入获得产品技术和性能价格比的领先优势，通过大规模的席卷式的市场营销，在最短的时间里形成正反馈的良性循环，充分获取"机会窗"的超额利润。不断优化成熟产品，驾驭市场上的价格竞争，扩大和巩固在战略市场上的主导地位。我们将按照这一经营模式的要求建立我们的组织结构和人才队伍，不断提高公司的整体运作能力。

在设计中构建技术、质量、成本和服务优势，是我们竞争力的基础。日本产品的低成本，德国产品的稳定性，美国产品的先进性，是我们赶超的基准。

（资源配置）

第二十三条 我们坚持"压强原则"，在成功关键因素和选定的战略生长点上，以超过主要竞争对手的强度配置资源，要么不做，要做，就极大地集中人力、物力和财力，实现重点突破。

在资源的分配上，应努力消除资源合理配置与有效利用的障碍。我们认识到对人、财、物这三种关键资源的分配，首先是对优秀人才的分配。我们的方针是使最优秀的人拥有充分的职权和必要的资源去实现分派给他们的任务。

（战略联盟）

第二十四条 我们重视广泛的对等合作和建立战略伙伴关系，积极探索在互利基础上的多种外部合作形式。

（服务网络）

第二十五条 华为向顾客提供产品的终生服务承诺。

我们要建立完善的服务网络，向顾客提供专业化和标准化的服务。顾客的利益所在，就是我们生存与发展的最根本的利益所在。

我们要以服务来定队伍建设的宗旨，以顾客满意度作为衡量一切工作的准绳。

二、研究与开发

（研究开发政策）

第二十六条 顾客价值观的演变趋势引导着我们的产品方向。

我们的产品开发遵循在自主开发的基础上广泛开放合作的原则。在选择研究开发项目时，敢于打破常规，走别人没有走过的路。我们要善于利用有节制的混沌状态，寻求对未知领域研究的突破；要完善竞争性的理性选择程序，确保开发过程的成功。

我们保证按销售额的10%拨付研发经费，有必要且可能时还将加大拨付的比例。

（研究开发系统）

第二十七条 我们要建立互相平行、符合大公司战略的三大研究系统，即产品发展战略规划研究系统，产品研究开发系统，以及产品中间试验系统。随着公司的发展，我们还会在国内外具有人才和资源优势的地区，建立分支研究机构。

在相关的基础技术领域中，不断地按"窄频带、高振幅"的要求，培养一批基础技术尖子。在产品开发方面，培养一批跨领域的系统集成带头人。把基础技术研究作为研究开发人员循环流程的一个环节。

没有基础技术研究的深度，就没有系统集成的高水准；没有市场和系统集成的牵引，基础技术研究就会偏离正确的方向。

（中间试验）

第二十八条 我们十分重视新产品、新器件和新工艺的品质论证及测试方法研究。要建立一个装备精良、测试手段先进、由众多"宽频带、高振幅"的优秀工程专家组成的产品中间试验中心。为了使我们中间试验的人才和装备水平居世界领先地位，我们在全世界只建立一个这样的大型中心。要经过集中的严格筛选过滤新产品和新器件，通过不断的品质论证提高产品的可靠性，持续不断地进行容差设计试验和改进工艺降低产品成本，加快技术开发成果的商品化进程。

三、市场营销

（市场地位）

第二十九条 华为的市场定位是业界最佳设备供应商。

市场地位是市场营销的核心目标。我们不满足于总体销售额的增长，我们必须清楚公司的每一种主导产品的市场份额是多大，应该达到多大。特别是新产品、新兴市场的市场份额和销售份额更为重要。品牌、营销网络、服务和市场份额是支撑市场地位的关键要素。

（市场拓展）

第三十条 战略市场的争夺和具有巨大潜力的市场的开发，是市场营销的重点。我们既要抓住新兴产品市场的快速渗透和扩展，也要奋力推进成熟产品在传统市场与新兴市场上的扩张，形成绝对优势的市场地位。

作为网络设备供应商，市场战略的要点是获取竞争优势，控制市场主导权的关键。市场拓展是公司的一种整体运作，我们要通过影响每个员工的切身利益传递市场压力，不断提高公司整体响应能力。

（营销网络）

第三十一条 营销系统的构架是按对象建立销售系统，按产品建立行销系统，形成矩阵覆盖的营销网络。

（营销队伍建设）

第三十二条 我们重视培育一支高素质的、具有团队精神的销售工程师与营销管理者队伍，重视发现和培养战略营销管理人才和国际营销人才。

我们要以长远目标来建设营销队伍，以共同的事业、责任、荣誉来激励和驱动。

（资源共享）

第三十三条 市场变化的随机性、市场布局的分散性和公司产品的多样性，要求前方营销队伍必须得到及时强大的综合支援，要求我们必须能够迅速调度和组织大量资源抢夺市场先机和形成局部优势。因此营销部门必须采取灵活的运作方式，通过事先策划与现场求助，实现资源的动态最优配置与共享。

四、生产方式

（生产战略）

第三十四条 我们的生产战略是在超大规模销售的基础上建立敏捷生产体系。因地制宜地采用世界上先进的制造技术和管理方法，坚持永无止境的改进，不断提高质量，降低成本，缩短交货期和增强制造柔性，使公司的制造水平和生产管理水平达到世界级大公司的基准。

（生产布局）

第三十五条 顺应公司事业领域多元化和经营地域国际化的趋势，我们将按照规模经济原则、比较成本原则和贴近顾客原则，集中制造关键基础部件和分散组装最终产品，在全国和世界范围内合理规划生产布局，优化供应链。

五、理财与投资

（筹资战略）

第三十六条 我们努力使筹资方式多样化，继续稳健地推行负债经营。开辟资金来源，控制资金成本，加快资金周转，逐步形成支撑公司长期发展需求的筹资合作关系，确保公司战略规划的实现。

（投资战略）

第三十七条 我们中短期的投资战略仍坚持产品投资为主，以期最大限度地集中资源，迅速增强公司的技术实力、市场地位和管理能力。我们在制定重大投资决策时，不一定追逐今天的高利润项目，同时要关注有巨大潜力的新兴市场和新产品的成长机会。我们不从事任何分散公司资源和高层管理精力的非相关多元化经营。

（资本经营）

第三十八条 我们在产品领域经营成功的基础上探索资本经营，利用产权机制更大规模地调动资源。实践表明，实现这种转变取决于我们的技术实力、营销实力、管理实力和时机。外延的扩张依赖于内涵的做实，机会的捕捉取决于事先的准备。

资本知识化是加速资本经营良性循环的关键。我们在进行资本扩充时，重点要选择那些有技术、有市场，以及与我们有互补性的战略伙伴，其次才是金融资本。

资本经营和外部扩张，应当有利于潜力的增长，有利于效益的增长，有利于公司组织和文化的统一性。公司的上市应当有利于巩固我们已经形成的价值分配制度的基础。

第三章 基本组织政策

一、基本原则

（组织建立的方针）

第三十九条 华为组织的建立和健全，必须：

1.有利于强化责任，确保公司目标和战略的实现。

2.有利于简化流程，快速响应顾客的需求和市场的变化。

3.有利于提高协作的效率，降低管理成本。

4.有利于信息的交流，促进创新和优秀人才的脱颖而出。

5.有利于培养未来的领袖人才，使公司可持续成长。

（组织结构的建立原则）

第四十条 华为将始终是一个整体。这要求我们在任何涉及华为标识的合作形式中保持控制权。

战略决定结构是我们建立公司组织的基本原则。具有战略意义的关键业务和新事业生长点，应当在组织上有一个明确的负责单位，这些部门是公司组织的基本构成要素。

组织结构的演变不应当是一种自发的过程，其发展具有阶段性。组织结构在一定时期内的相对稳定，是稳定政策、稳定干部队伍和提高管理水平的条件，是提高效率和效果的保证。

（职务的设立原则）

第四十一条 管理职务设立的依据是对职能和业务流程的合理分工，并以实现组织目标所必须从事的一项经常性工作为基础。职务的范围应设计得足够大，以强化责任、减少协调和提高任职的挑战性与成就感。

设立职务的权限应集中。对设立职务的目的、工作范围、隶属关系、职责和职权，以及任职资格应作出明确规定。

(管理者的职责）

第四十二条 管理者的基本职责是依据公司的宗旨主动和负责地开展工作，使公司富有前途，工作富有成效，员工富有成就。管理者履行这三项基本职责的程度，决定了他的权威与合法性被下属接受的程度。

（组织的扩张）

第四十三条 组织的成长和经营的多元化必然要求向外扩张。组织的扩张要抓住机遇，而我们能否抓住机遇和组织能够扩张到什么程度，取决于公司的干部队伍素质和管理控制能力。当依靠组织的扩张不能有效地提高组织的效率和效果时，公司将放缓对外扩张的步伐，转而致力于组织管理能力的提高。

二、组织结构

（基本组织结构）

第四十四条 公司的基本组织结构将是一种二维结构：按战略性事业划分的事业部和按地区划分的地区公司。事业部在公司规定的经营范围内承担开发、生产、销售和用户服务的职责；地区公司在公司规定的区域市场内有效利用公司的资源开展经营。事业部和地区公司均为利润中心，承担实际利润责任。

（主体结构）

第四十五条 职能专业化原则是建立管理部门的基本原则。对于以提高效率和加强控制为主要目标的业务活动领域，一般也应按此原则划分部门。

公司的管理资源、研究资源、中试资源、认证资源、生产管理资源、市场资源、财政资源、人力资源和信息资源……是公司的公共资源。为了提高公共资源的效率，必须进行审计。按职能专业化原则组织相应的部门，形成公司组织结构的主体。

（事业部）

第四十六条 对象专业化原则是建立新事业部门的基本原则。

事业部的划分原则可以是以下两种原则之一，即产品领域原则和工艺过程原则。按产品领域原则建立的事业部是扩张型事业部，按工艺过程原则建立的事业部是服务型事业部。

扩张型事业部是利润中心，实行集中政策，分权经营。应在控制有效的原则下，使之具备开展独立经营所需的必要职能，既充分授权，又加强监督。

对于具有相对独立的市场，经营已达到一定规模，相对独立运作更有利于扩张和强化最终成果责任的产品或业务领域，应及时选择更有利于它发展的组织形式。

（地区公司）

第四十七条　地区公司是按地区划分的、全资或由总公司控股的、具有法人资格的子公司。地区公司在规定的区域市场和事业领域内，充分运用公司分派的资源和尽量调动公司的公共资源寻求发展，对利润承担全部责任。在地区公司负责的区域市场中，总公司及各事业部不与之进行相同事业的竞争。各事业部如有拓展业务的需要，可采取会同或支持地区公司的方式进行。

（矩阵结构的演进）

第四十八条　当按职能专业化原则划分的部门与按对象专业化原则划分的部门交叉运作时，就在组织上形成了矩阵结构。

公司组织的矩阵结构，是一个不断适应战略和环境变化，从原有的平衡到不平衡，再到新的平衡的动态演进过程。不打破原有的平衡，就不能抓住机会，快速发展；不建立新的平衡，就会给公司组织运作造成长期的不确定性，削弱责任建立的基础。

为了在矩阵结构下维护统一指挥原则和责权对等原则，减少组织上的不确定性和提高组织的效率，我们必须在以下几方面加强管理的力度：

1.建立有效的高层管理组织。

2.实行充分授权，加强监督。

3.加强计划的统一性和权威性。

4.完善考核体系。

5.培育团队精神。

（求助网络）

第四十九条 我们要在公司的纵向等级结构中适当地引入横向和逆向的网络动作方式，以激活整个组织，最大限度地利用和共享资源。我们既要确保正向直线职能系统制定和实施决策的政令畅通，又要对逆向和横向的求助系统作出及时灵活的响应，使最贴近顾客，最先觉察到变化和机会的高度负责的基层主管和员工，能够及时得到组织的支援，为组织目标作出与众不同的贡献。

（组织的层次）

第五十条 我们的基本方针是减少组织的层次，以提高组织的灵活性。减少组织层次一方面要减少部门的层次，另一方面要减少职位的层次。

三、高层管理组织

（高层管理组织）

第五十一条 高层管理组织的基本结构为三部分、公司执行委员会、高层管理委员会与公司职能部门。

公司的高层管理委员会有：战略规划委员会，人力资源委员会，财经管理委员会。

（高层管理职责）

第五十二条 公司执行委员会负责确定公司未来的使命、战略与目标，对公司重大问题进行决策，确保公司可持续成长。

高层管理委员会是由资深人员组成的咨询机构。负责拟制战略规划和基本政策，审议预算和重大投资项目，以及审核规划、基本政策和预算的执行结果。审议结果由总裁办公会议批准执行。

公司职能部门代表公司总裁对公司公共资源进行管理，对各事业部、子公司、业务部门进行指导和监控。公司职能部门应归口设立，以尽量避免多头领导现象。

高层管理任务应以项目形式予以落实。高层管理项目完成后，形成具体工作和制度，并入某职能部门的职责。

（决策制度）

第五十三条 我们遵循民主决策、权威管理的原则。

高层重大决策需经高层管理委员会充分讨论。决策的依据是公司的宗旨、目标和基本政策；决策的原则是，从贤不从众。真理往往掌握在少数人手里，要造成一种环境，让不同意见存在和发表。一经形成决议，就要实行权威管理。

高层委员会集体决策以及部门首长负责制下的办公会议制度，是实行高层民主决策的重要措施。我们的方针是，放开高层民主，使智慧充分发挥；强化基层执行，使责任落在实处。

各部门首长隶属于各个专业委员会，这些委员会议事而不管事，对形成的决议有监督权，以防止一长制中的片面性。各部门首长的日常管理决策，应遵循部门首长办公会确定的原则，对决策后果承担个人责任。各级首长办公会的讨论结果，以会议纪要的方式向上级呈报。报告上必须有三分之二以上的正式成员签名，报告中要特别注明讨论过程中的不同意见。

公司总裁有最后的决策权，在行使这项权力时，要充分听取意见。

（高层管理者行为准则）

第五十四条 高层管理者应当做到：

1.保持强烈的进取精神和忧患意识。对公司的未来和重大经营决策承担个人风险。

2.坚持公司利益高于部门利益和个人利益。

3.倾听不同意见，团结一切可以团结的人。

4.加强政治品格的训练与道德品质的修养，廉洁自律。

5.不断学习。

第四章　基本人力资源政策

一、人力资源管理准则

（**基本目的**）

第五十五条 华为的可持续成长，从根本上靠的是组织建设和文化建设。因此，人力资源管理的基本目的，是建立一支宏大的高素质、高境界和高度团结的队伍，以及创造一种自我激励、自我约束和促进优秀人才脱颖而出的机制，为公司的快速成长和高效运作提供保障。

（**基本准则**）

第五十六条 华为全体员工无论职位高低，在人格上都是平等的。人力资源管理的基本准则是公正、公平和公开。

（**公正**）

第五十七条 共同的价值观是我们对员工作出公平评价的准则；对每个员工提出明确的挑战性目标与任务，是我们对员工的绩效改进作出公正评价的依据；员工在完成本职工作中表现出的能力和潜力，是比学历更重要的评价能力的公正标准。

（**公平**）

第五十八条 华为奉行"效率优先，兼顾公平"的原则。我们鼓励每个员工在真诚合作与责任承诺基础上，展开竞争；并为员工的发展，提供公平的机会与条件。每个员工应依靠自身的努力与才干，争取公司提供的机会；依靠工作和自学提高自身的素质与能力；依靠创造性地完成和改进本职工作满足自己的成就愿望。我们从根本上否定评价与价值分配上的短视、攀比与平均主义。

（公开）

第五十九条 我们认为遵循公开原则是保障人力资源管理的公正和公平的必要条件。公司重要政策与制度的制定，均要充分征求意见与协商。抑侥幸，明褒贬，提高制度执行上的透明度。我们从根本上否定无政府、无组织、无纪律的个人主义行为。

（人力资源管理体制）

第六十条 我们不搞终身雇佣制，但这不等于不能终身在华为工作。我们主张自由雇佣制，但不脱离中国的实际。

（内部劳动力市场）

第六十一条 我们通过建立内部劳动力市场，在人力资源管理中引入竞争和选择机制。通过内部劳动力市场和外部劳动力市场的置换，促进优秀人才的脱颖而出，实现人力资源的合理配置和激活沉淀层。并使人适合于职务，使职务适合于人。

（人力资源管理责任者）

第六十二条 人力资源管理不只是人力资源管理部门的工作，而且是全体管理者的职责。各部门管理者有责任记录、指导、支持、激励与合理评价下属人员的工作，负有帮助下属人员成长的责任。下属人员才干的发挥与对优秀人才的举荐，是决定管理者的升迁与人事待遇的重要因素。

二、员工的义务和权利

（员工的义务）

第六十三条 我们鼓励员工对公司目标与本职工作的主人翁意识与行为。

每个员工主要通过干好本职工作为公司目标做贡献。员工应努力扩大职务视野，深入领会公司目标对自己的要求，养成为他人作贡献的思维方式，提高协作水平与技巧。另一方面，员工应遵守职责间的制约关系，避免越俎代庖，有节制地暴露因职责不清所掩盖的管理漏洞与问题。

员工有义务实事求是地越级报告被掩盖的管理中的弊端与错误。允许员工在紧急情况下便宜行事，为公司把握机会，躲避风险，以及减轻灾情作贡献。但是，在这种情况下，越级报告者或便宜行事者，必须对自己的行为及其后果承担责任。

员工必须保守公司的秘密。

（员工的权利）

第六十四条 每个员工都拥有以下基本权利，即咨询权、建议权、申诉权与保留意见权。

员工在确保工作或业务顺利开展的前提下，有权利向上司提出咨询，上司有责任作出合理的解释与说明。

员工对改善经营与管理工作具有合理化建议权。

员工有权对认为不公正的处理，向直接上司的上司提出申诉。申诉必须实事求是，以书面形式提出，不得影响本职工作或干扰组织的正常运作。各级主管对下属员工的申诉，都必须尽早予以明确。

附录三 任正非经典文集选

华为的冬天

这是一篇在IT业界流传的文章，许多公司的老总都向下属推荐阅读，联想集团总裁杨元庆就是该文的积极推荐者。有人认为这是任正非为IT业敲响的警钟，也有人说任正非是"作秀"，还有人猜测是华为在为人事变动制造舆论。由于华为的老总任正非很少和媒体打交道，因此我们无从知晓这篇文章的真实背景，但是，在华为2000财年销售额达220亿元，利润以29亿元人民币位居全国电子百强首位的时候，任正非大谈危机和失败，确实发人深省。

公司所有员工是否考虑过，如果有一天，公司销售额下滑、利润下滑甚至会破产，我们怎么办？我们公司的太平时间太长了，在和平时期升的官太多了，这也许就是我们的灾难。泰坦尼克号也是在一片欢呼声中出的海。而且我相信，这一天一定会到来。面对这样的未来，我们怎样来处理，我们是不是思考过。我们好多员工盲目自豪，盲目乐观，如果想过的人太少，也许就快来临了。居安思危，不是危言耸听。

我到德国考察时，看到第二次世界大战后德国恢复得这么快，当时很感动。他们当时的工人团结起来，提出要降工资，不增工资，从而加快经济建设，所以战后德国经济增长很快。如果华为公司真的危机到来了，是不是员工工资减一半，大家靠一点白菜、南瓜过日子，就能行？或者我们就裁掉一半人是否就能救公司？如果是这样就行的话，危险就不危险了。因为，危险一过去，我们可以逐步将工资补回来，或者销售增长，将被迫裁掉的人请回来。这算不了什么危机。如果两者同时都进行，都不能挽救公司，想过没有。

10年来我天天思考的都是失败，对成功视而不见，也没有什么荣誉感、自豪感，而是危机感。也许是这样才存活了10年。我们大家要一起来想，怎样才能活下去，也许才能存活得久一些。失败这一天是一定会到来，大家要准备迎接，这是我从不动摇的看法，这是历史规律。

华为公司老喊狼来了，喊多了，大家有些不信了。但狼真的会来了。今年我们要广泛展开对危机的讨论，讨论华为有什么危机，你的部门有什么危机，你的科室有什么危机，你的流程的那一点有什么危机。还能改进吗？还能改进吗？还能提高人均效益吗？如果讨论清楚了，那我们可能就不死，就延续了我们的生命。怎样提高管理效率，我们每年都写了一些管理要点，这些要点能不能对你的工作有些改进，如果改进一点，我们就前进了。

一、均衡发展，就是抓短的一块木板

我们怎样才能活下来。同志们，你们要想一想，如果每一年你们的人均产量增加15％，你可能仅仅保持住工资不变或者还可能略略下降。电子产品价格下降幅度一年还不止15％吧。我们卖的越来越多，而利润却越来越少，如果我们不多干一点，我们可能保不住今天，更别说涨工资。不能靠没完没了的加班，所以一定要改进我们的管理。

在管理改进中，一定要强调改进我们木板最短的那一块。各部门、各科室、各流程主要领导都要抓薄弱环节。要坚持均衡发展，不断地强化以流程型和时效型为主导的管理体系的建设，在符合公司整体核心竞争力提升的条件下，不断优化你的工作，提高贡献率。

全公司一定要建立起统一的价值评价体系，统一的考评体系，才能使人员在内部流动和平衡成为可能。比如有人说我搞研发创新很厉害，但创新的价值如何体现，创新必须通过转化变成商品，才能产生价值。我们重视技术、重视营销，这一点我并不反对，但每一个链条都是很重要的。研发相对用服来说，同等级别的一个用服工程师可能要比研发人员综合处理能力还强一些。所以如果我们对售后服务体系不给认同，那么这体系就永远不是由优秀的人来组成的。不是由优秀的人来组织，就是高成本的组织。因为他飞过去修机器，去一趟修不好，又飞过去修不好，又飞过去又修不好。我们把工资全都赞助给民航了。如果我们一次就能修好，甚至根本不用过去，用远程指导就能修好，我们将省多少成本啊！因此，我们要强调均衡发展，不能老是强调某一方面。

二、对事负责制与对人负责制是有本质区别的，一个是扩张体系，一个是收敛体系

为什么我们要强调以流程型和时效型为主导的体系呢？现在流程上运作的干部，他们还习惯于事事都请示上级。这是错的，已经有规定，或者成为惯例的东西，不必请示，应快速让它通过去。执行流程的人，是对事情负责，这就是对事负责制。事事请示，就是对人负责制，它是收敛的。我们要减化不必要确认的东西，要减少在管理中不必要、不重要的环节，否则公司怎么能高效运行呢？现在我们机关有相当的部门以及相当的编制，在制造垃圾，然后这些垃圾又进入分拣、清理，制造一些人的工作机会。制造这些复杂的文件，搞了一些复杂的程序以及不必要的报表、文件，来养活一些不必要养活的机关干部，机关干部是不能产生增值行为的。我们一定要在监控有效的条件下，尽力精简机关。

市场部机关是无能的。每天的纸片如雪花一样飞啊，每天都向办事处要报表，今天要这个报表，明天要那个报表，这是无能的机关干部。办事处每一个月把所有的数据填一个表，放到数据库里，机关要数据就到数据库里找。从明天开始，市场部把多余的干部组成一个数据库小组，所有数据只能

向这个小组要，不能向办事处要，办事处一定要给机关打分，你们不要给他们打那么好的分，让他们吃一点亏，否则他们不会明白这个道理，就不会服务于你们，使你作战有力。

在本职工作中，我们一定要敢于负责任，使流程速度加快，对明哲保身的人一定要清除。华为给了员工很好的利益，于是有人说千万不要丢了这个位子，千万不要丢掉这个利益。凡是要保自己利益的人，要免除他的职务，他已经是变革的绊脚石。在去年的一年里，如果没有改进行为的，甚至一次错误也没犯过，工作也没有改进的，是不是可以就地免除他的职务。他的部门的人均效益没提高，他这个科长就不能当了。他说他也没有犯错啊，没犯错就可以当干部吗？有些人没犯过一次错误，因为他一件事情都没做。而有些人在工作中犯了一些错误，但他管理的部门人均效益提升很大，我认为这种干部就要用。对既没犯过错误，又没有改进的干部可以就地免职。

三、自我批判，是思想、品德、素质、技能创新的优良工具

我们一定要推行以自我批判为中心的组织改造和优化活动。自我批判不是为批判而批判，也不是为全面否定而批判，而是为优化和建设而批判。总的目标是要提升公司整体核心竞争力。

为什么要强调自我批判？我们倡导自我批判，但不提倡相互批评，因为批评不好把握适度，如果批判火药味很浓，就容易造成队伍之间的矛盾。而自己批判自己呢，人们不会自己下猛力，对自己都会手下留情。即使用鸡毛掸子轻轻打一下，也比不打好，多打几年，你就会百炼成钢了。自我批判不光是个人进行自我批判，组织也要对自己进行自我批判。通过自我批判，各级骨干要努力塑造自己，逐步走向职业化、走向国际化。公司认为自我批判是个人进步的好方法，还不能掌握这个武器的员工，希望各级部门不要对他们再提拔了。两年后，还不能掌握和使用这个武器的干部要降低使用。在职

在位的干部要奋斗不息、进取不止。

干部要有敬业精神、献身精神、责任心、使命感。我们对普通员工不作献身精神要求，他们应该对自己付出的劳动、取得合理报酬。只对有献身精神的员工作要求，将他们培养成干部。另外，我们对高级干部实行严要求，不对一般干部实施严要求。因为都实施严要求，我们管理成本就太高了。因为管他也要花钱的呀，不打粮食的事我们要少干。因此我们对不同级别的干部有不同的要求，凡是不能使用自我批判这个武器的干部都不能提拔。

自我批判从高级干部开始，高级干部每年都有民主生活会，民主生活会上提的问题是非常尖锐的。有人听了以后认为公司内部斗争真激烈，你看他们说起问题来很尖锐，但是说完他们不又握着手打仗去了吗？我希望这种精神一直能往下传，下面也要有民主生活会，一定要相互提意见，相互提意见时一定要和风细雨。我认为，批评别人应该是请客吃饭，应该是绘画、绣花，要温良恭让。一定不要把内部的民主生活会变成了有火药味的会议，高级干部尖锐一些，是他们素质高，越到基层应越温和。事情不能指望一次说完，一年不行，两年也可以，三年进步也不迟。我希望各级干部在组织自我批判的民主生活会议上，千万要把握尺度。我认为人是怕痛的，太痛了也不太好，像绘画、绣花一样，细细致致地帮人家分析他的缺点，提出改进措施来，和风细雨式最好。

四、任职资格及虚拟利润法是推进公司合理评价干部的有序、有效的制度

我们要坚定不移地继续推行任职资格管理制度。只有这样才能改变过去的评价蒙估状态。才会使有贡献、有责任心的人尽快成长起来。激励机制要有利于公司核心竞争力战略的全面展开，也要有利于近期核心竞争力的不断增长。

什么叫领导？什么叫政客？这次以色列的选举，让我们看到了犹太人的

短视。拉宾意识到以色列一个小国，处在几亿阿拉伯人的包围中，尽管几次中东战争以色列都战胜了，但不能说50年、100年以后，阿拉伯人不会发展起来。今天不以土地换和平、划定边界，与周边和平相处，那么一旦阿拉伯人强大起来，他们又会重新流离失所。要是这样犹太人再过2000年还回不回得来，就不一定了。而大多数人，只看重眼前的利益，沙龙是强硬派，会为犹太人争得近期利益，人们拥护了他。我终于看到一次犹太人也像我们一样的短视。我们的领导都不要迎合群众，但推进组织目的，要注意工作方法。

干部要有敬业精神、献身精神、责任心和使命感。区别一个干部是不是一个好干部，是不是忠臣，标准有四个：第一，你有没有敬业精神，对工作是否认真，改进了，还能改进吗？还能再改进吗？这就是你的工作敬业精神。第二，你有没有献身精神，不要斤斤计较，我们的价值评价体系不可能做到绝对公平。如果用曹冲称象的方法来进行任职资格来评价的话，那肯定是公平的。但如果用精密天平来评价，那肯定公平不了。我们要想做到绝对公平是不可能的。我认为献身精神是考核干部的一个很重要因素。一个干部如果过于斤斤计较，这个干部绝对做不好，你手下有很多兵，你自私、斤斤计较，你的手下能和你合作很好吗？没有献身精神的人不要做干部，做干部的一定要有献身精神。第三点和第四点，就是要有责任心和使命感。我们的员工是不是都有责任心和使命感？如果没有责任心和使命感，为什么还想要当干部。如果你觉得还是你有一点责任心和使命感的，赶快改进，否则最终还是要把你免下去的。

五、不盲目创新，才能缩小庞大的机关

庙小一点，方丈减几个，和尚少一点，机关的改革就是这样。总的原则是我们一定要压缩机关，为什么？因为我们建设了IT。为什么要建设IT？道路设计时要博士，炼钢制轨要硕士，铺路要本科生。但是道路修好了扳岔道就不要这么高的学历了，否则谁也坐不起这个火车。因此当我们公司组织体系和流程体系建设起来的时候，就不要这么多的高级别干部，方丈就少了。

我们要坚持"小改进，大奖励"。"小改进、大奖励"是我们长期坚持不懈的改良方针。应在小改进的基础上，不断归纳，综合分析。研究其与公司总体目标流程的符合，与周边流程的和谐，要简化、优化、再固化。这个流程是否先进，要以贡献率的提高来评价。我年轻时就知道华罗庚的一句话，"神奇化易是坦途，易化神奇不足提"。我们有些员工，交给他1件事，他能干出10件事来，这种创新就不需要，是无能的表现。这是制造垃圾，这类员工要降低使用。所以今年有很多变革项目，但每个变革项目都要以贡献率来考核。既要实现高速增长，又要同时展开各项管理变革，错综复杂，步履艰难，任重而道远。各级干部要有崇高的使命感和责任意识，要热烈而镇定，紧张而有秩序。"治大国如烹小鲜"，我们做任何小事情都要小心谨慎，不要随意把流程破坏了，发生连锁错误。

六、规范化管理本身已含监控，它的目的是有效、快速的服务业务需要

我们要继续坚持业务为主导，会计为监督的宏观管理方法与体系的建设。什么叫业务为主导，就是要敢于创造和引导需求，取得"机会窗"的利润。也要善于抓住机会，缩小差距，使公司同步于世界而得以生存。什么叫会计为监督，就是为保障业务实现提供规范化的财经服务，规范化就可以快捷、准确和有序，使账务维护成本低。规范化是一把筛子，在服务的过程中也完成了监督。要把服务与监控融进全流程。我们也要推行逆向审计，追溯责任，从中发现优秀的干部，铲除沉淀层。

七、面对变革要有一颗平常心，要有承受变革的心理素质

我们要以正确的心态面对变革。什么是变革？就是利益的重新分配。利益重新分配是大事，不是小事。这时候必须有一个强有力的管理机构，才

能进行利益的重新分配，改革才能运行。在改革的过程中，从利益分配的旧平衡逐步走向新的利益分配平衡。这种平衡的循环过程，是促使企业核心竞争力提升与效益增长的必须。但利益分配永远是不平衡的。我们在进行岗位变革也是有利益重新分配的，比如大方丈变成了小方丈，你的庙被拆除了，不管叫什么，都要有一个正确的心态来对待。如果没有一个正确的心态，我们的改革是不可以成功的，不可能被接受的。特别是随着IT体系的逐步建成，以前的多层行政传递与管理的体系将更加扁平化。伴随中间层的消失，一大批干部将成为富余，各大部门要将富余的干部及时输送至新的工作岗位上去，及时地疏导，才会避免以后的过度裁员。我在美国时，在和IBM、Cisco、Lucent等几个大公司领导讨论问题时谈到，IT是什么？他们说，IT就是裁员、裁员、再裁员。以电子流来替代人工的操作，以降低运作成本，增强企业竞争力。我们也将面临这个问题。伴随着IPD、ISC、财务四统一、支撑IT的网络等逐步铺开和建立，中间层消失。我们预计我们大量裁掉干部的时间大约在2003年或2004年。

今天要看到这个局面，我们现在正在扩张，还有许多新岗位，大家要赶快去占领这些新岗位，以免被裁掉。不管是对干部还是普通员工，裁员都是不可避免的。我们从来没有承诺过，像日本一样执行终身雇佣制。我们公司从创建开始就是强调来去自由。内部流动是很重要的，当然这个流动有升有降，只要公司的核心竞争力提升了，个人的升、降又何妨呢？"不以物喜，不以己悲"。因此今天来说，我们各级部门真正关怀干部，就不是保住他，而是要疏导他，疏导出去。

八、模板化是所有员工快速管理进步的法宝

一个新员工，看懂模板，会按模板来做，就已经国际化、职业化，现在的文化程度，三个月就掌握了。而这个模板是前人摸索几十年才摸索出来的，你不必再去摸索。各流程管理部门、合理化管理部门，要善于引导各类已经优化的、已经证实行之有效的工作模板化。清晰流程，重复运行的流程，工作一定要模板化。一项工作达到同样绩效，少用工，又少用时间，这才说明管理进步了。我们认为，抓住主要的模板建设，又使相关的模板的流程联结起来，才会使IT成为现实。在这个问题，我们要加强建设。

九、华为的危机，以及萎缩、破产是一定会到来的

现在是春天吧，但冬天已经不远了，我们在春天与夏天要念着冬天的问题。IT业的冬天对别的公司来说不一定是冬天，而对华为可能是冬天。华为的冬天可能来得更冷，更冷一些。我们还太嫩，我们公司经过十年的顺利发展没有经历过挫折，不经过挫折，就不知道如何走向正确道路。磨难是一笔财富，而我们没有经过磨难，这是我们最大的弱点。我们完全没有适应不发展的心理准备与技能准备。

危机的到来是不知不觉地，我认为所有的员工都不能站在自己的角度立场想问题。如果说你们没有宽广的胸怀，就不可能正确对待变革。如果你不能正确对待变革，抵制变革，公司就会死亡。在这个过程中，大家一方面要努力地提升自己，一方面要与同志们团结好，提高组织效率，并把自己的好干部送到别的部门去，使自己部下有提升的机会。你减少了编制，避免了裁员、压缩。在改革过程中，很多变革总会触动某些员工的一些利益和矛盾，希望大家不要发牢骚，说怪话，特别是我们的干部要自律，不要传播小道消息。

十、安安静静地应对外界议论

对待媒体的态度，希望全体员工都要低调，因为我们不是上市公司，所以我们不需要公示社会。我们主要是对政府负责任，对企业的有效运行负责任。对政府的责任就是遵纪守法，我们去年交给国家的增值税、所得税是18

263

个亿，关税是9个亿，加起来一共是27个亿。估计我们今年在税收方面可能再增加百分之七八十，可能要给国家交到40多个亿。我们已经对社会负责了。媒体有他们自己的运作规律，我们不要去参与，我们有的员工到网上的辩论，是帮公司的倒忙。

我想，每个员工都要把精力用到本职工作上去，只有本职工作做好了才能为你提高带来更大的效益。国家的事由国家管，政府的事由政府管，社会的事由社会管，我们只要做一个遵纪守法的公民，就完成了我们对社会的责任。只有这样我们公司才能安全、稳定。不管遇到任何问题，我们的员工都要坚定不移地保持安静，听党的话，跟政府走。严格自律，不该说的话不要乱说。特别是干部要管好自己的家属。我们华为人都是非常有礼仪的人。当社会上根本认不出你是华为人的时候，你就是华为人；当这个社会认出你是华为人的时候，你就不是华为人，因为你的修炼还不到家。

沉舟侧畔千帆过，病树前头万木春。网络股的暴跌，必将对两三年后的建设预期产生影响，那时制造业就惯性进入了收缩。眼前的繁荣是前几年网络股大涨的惯性结果。记住一句话："物极必反"，这一场网络设备供应的冬天，也会像它热得人们不理解一样，冷得出奇。没有预见，没有预防，就会冻死。那时，谁有棉衣，谁就活下来了。

我的父亲母亲

上世纪末最后一天，我总算良心发现，在公务结束之后，买了一张从北京去昆明的机票，去看看妈妈。买好机票后，我没有给她电话，我知道一打电话她一下午都会忙碌，不管多晚到达，都会给我做一些我小时候喜欢吃的东西。直到飞机起飞，我才告诉她，让她不要告诉别人，不要车来接，我自己打出租车回家，目的就是好好陪陪她。前几年我每年也去"麦加朝圣"，但一下飞机就给办事处接走了，说这个客户很重要要拜见一下，那个客户很重要要陪他们吃顿饭，忙来忙去，忙到上飞机时回家取行李，与父、母匆匆一别。妈妈盼星星、盼月亮，盼盼唠唠家常，一次又一次的落空。他们总是说你工作重要，先工作，先工作。

由于我3日要赶回北京，随胡锦涛副主席访问伊朗，在昆明我只能待一天。这次我终于良心发现，与母亲约好，今年春节我不工作，哪儿也不去，与几个弟妹陪她在海南过春节，好好聊一聊，痛痛快快聊一聊。以前，我节假日多为出国，因中国过节，外国这时不过节，正好多一些时间工作，这次我是彻底想明白了，要陪陪妈妈，我这一生还没有好好陪过他们。没想到终成泡影。

在伊朗时，国内旅行社还不断发邮件给我，热情地介绍安排，我说，不需要太多的参观，我们主要想坐在沙滩上、池边多聊聊天。有一首歌唱到："常回家看看，回家看看，哪怕不能帮妈妈刷刷筷子，洗洗碗，老人不图儿女为家作多大贡献，只图个团团圆圆，聊聊家常。"结果，8日圆满结束对伊朗的访问，我们刚把胡副主席送上飞机，就接到纪平的电话，说我母亲上午10时左右，从菜市场出来，提着两小包菜，被汽车撞成重伤，孙总已前往昆明组织抢救。由于相隔千万里，伊朗的通信太差，真使人心急火燎。飞机要多次中转才能回来，在巴林转机要呆6.5小时，真是心如煎熬，又遇巴林雷雨，飞机又延误2个小时，到曼谷时又再晚了10分钟，没有及时赶上回昆明的飞机，直到深夜才赶到昆明。

回到昆明，就知道妈妈不行了，她的头部全部给撞坏了，当时的心跳、呼吸全是靠药物和机器维持，之所以在电话上不告诉我，是怕我在旅途中出事。我看见妈妈一声不响地安详地躺在病床上，不用操劳、烦心，好像她一生也没有这么休息过。

我真后悔没有在伊朗给母亲一个电话。7日胡副主席接见我们8个随行的企业负责人，我汇报了两三分钟，说到我是华为公司的时候，胡副主席伸出4个指头，说4个公司之一。我本想把这个好消息告诉妈妈，说中央首长还知道我们华为。但我没有打，因为以前不管我在国内、国外给我母亲电话时，她都唠叨："你又出差了"，"非非你的身体还不如我好呢"，"非非你的皱纹比妈妈还多呢"，"非非你走路还不如我呢，你这么年纪轻轻就这么多病"，"非非，糖尿病参加宴会多了，坏得更快呢，你心脏又不好"。我想伊朗条件这么差，我一打电话，妈妈又唠叨，反正过不了几天就见面了，就没有打。而这是我一生中最大的憾事。由于时差，我只能在中国时间8日上午一早打，告诉她这个喜讯，如果我真打了，拖延她一两分钟出门，也许就躲过了这场灾难。这种悔恨的心情，真是难以形容。

这次去昆明给妈妈说了11月份我随吴邦国副总理访问非洲时，吴邦国副总理在科威特与我谈了半小时话的内容。首长说了这次我随访是他亲自点的名，目的有三个：1. 鼓励和肯定华为，并让随行的各部部长也正面地认识和了解华为；2. 了解一下我们公司的运行与管理机制，看看对别的企业有无帮助；3. 看看政府对我们开拓国际市场是否能给予一些帮助。妈妈听了十分高兴，说："政府信任就好，只要企业干得好，其他都会随时间的证实而过去的。"最近这两年，网上、媒体中对华为有一些内容，也是毁誉参半，妈妈是经过"文革"痛苦煎熬的，对誉不感兴趣，对一些不了解我们真实情况的文章却十分忧心。我说了，我们不是上市公司，不需要公示社会，主要是对政府负责，对企业的有效运行负责。我们今年要交税20多亿，明年（2001年）要交40多亿的税。各级政府对我们都信任。我们不能在媒体上去辩论，这样会引起争论，国家纸太贵，为我们这样一个小公司争论太浪费。为我们这样一个小公司，去干扰国家的宣传重点，我们也承担不了这么大责任。他们主要是不了解，我们也没有介绍，了解就好了。妈妈舒了一口气，理解我的沉默。也许她能安息。

　　我看了妈妈最后一眼后，妈妈溘然去世。1995年我父亲也是因为在昆明街头的小摊上，买了一瓶塑料包装的软饮料吃后，拉肚子，一直到全身衰竭去世。不是饮料有什么问题，而是这么长时间的运输，多次的批发，小摊又无保鲜设备，老人抵抗力又差。这次妈妈反过来要陪我去郊区七彩云南转转，散散步，回来的路上要在路边买些果园摘下来的梨子，她不让我下车，后来我问妹夫为什么不让我下车，他说妈妈怕你大手大脚、不讲价。4元一公斤的梨子买了一大包。父、母一生勤俭，而且不断以身作则来教育我，让我不要大手大脚。其实我一生都是非常节俭的，她只不过用过去过过的苦日子作坐标来度量。

　　一、历史回顾

　　爸爸任摩逊，尽职尽责一生，充其量可以说是一个乡村教育家。妈妈程远昭，是一个陪伴父亲在贫困山区与穷孩子厮混了一生的一个普通得不能再普通的园丁。

爸爸是穿着土改工作队的棉衣，随解放军剿匪部队一同进入贵州少数民族山区的，去筹建一所民族中学。一头扎进去就是几十年，他培养的学生不少成为党和国家的高级干部，有些还是中央院校的校级领导，而父亲还是那么位卑言微。

爷爷是浙江浦江县的一个做火腿的大师傅，爸爸的兄弟姊妹都没有读过书。由于爷爷的良心发现，也由于爸爸的执着要求，爸爸才读了书。爸爸在北京上大学期间，也是一个热血青年，参加学生运动，进行抗日演讲，反对侵华的田中奏章，还参加过共青团。由于爷爷、奶奶相继病逝，爸爸差一年没有读完大学，辍学回家。时日，正值国共合作开始，全国掀起抗日高潮，父亲在同乡会的介绍下，到广州一个同乡当厂长的国民党军工厂作会计员。由于战争的进逼，工厂又迁到广西融水，后又迁到贵州桐梓。在广西融水期间，爸爸与几个朋友在业余时间，开了一个生活书店，卖进步书籍，又组织一个"七·七"读书会，后来这个读书会中有几十人走上了革命前线，有相当多的人在新中国成立后成为党和国家的高级干部。粉碎"四人帮"后，融水重写党史时，还把爸爸邀请过去。

爸爸这段灰色的历史，是"文革"中受磨难最大的一件事情。身在国民党的兵工厂，而又积极宣传抗日，同意共产党的观点，而又非有与共产党地下组织有联系。你为什么？这就成了一部分人的疑点。在那种"文革"时期，如何解释得清楚。他们总想挖出一条隐藏得很深的大鱼，爸爸受尽了百般的折磨。现在想想，一所乡间中学，又使用的统一教材，此人即使真有点什么问题，又会对国家安全有多大的影响。即使有问题也是改造他，而不是折磨他。

妈妈其实只有高中文化程度，她要陪伴父亲，忍受各种屈辱，成为父亲的挡风墙；又要照顾我们兄妹7人，放下粉笔就要和煤球、买菜、做饭、洗衣……又要自修文化，完成自己的教学任务，她最后被评为中学的高级教师。她的学生中，不少是省、地级干部及优秀的技术专家，他们都对母亲的教学责任心印象深刻。妈妈这么低的文化水平，自学成才，个中艰辛，只有她自己知道。

父母虽然较早参加革命，但他们的非无产阶级血统，要融入无产阶级的革命队伍，取得信任，并不是一件容易的事情。他们不可能像普通农民、工人那样政治纯洁。他们是生活在一个复杂的社会中，这个社会又是多元化组成的，不可能只有一种纯洁的物质。他们有时会参加各种复杂的活动，例如抗日演出，这种演出的背后有人插手。妈妈参加过抗日演唱队，有人说，参加演唱队的人，都集体参加了什么组织……人一生有不知多少活动，如果不以人的目的来衡量，以人的品德来衡量，以及现实中他们对历史认识与承诺来衡量，而是以形式来衡量，那么就会复杂到任何人都无法清理自己而谨小慎微。历次政治运动中，他们都向党交心，他们思想改造的困难程度要比别人大得多，所受的内心煎熬也非他人所能理解。他们把一生任何一个细节都写得极其详尽，希望组织审查。他们去世后，我请同学去帮助复印父母的档案，同学们看了父母向党交心的材料，都被他们的真情感动得泪流满面。终其一生，他们都是追随革命的，不一定算得上中坚分子，但无愧于党和人民。父亲终在1958年国家吸收一批高级知识分子入党时，入了党。当时向党交心，不像今天这样信息发达，人人都可以看到中央精神，与中央保持一致。那时，其实就是向几个党员交心，向支部书记交心，即使有报纸公布上面的精神，但精神的执行还得有人理解后，再来贯彻。那时，反对个别党员，有可能被说成反党。我们亲眼看到父母的谨小慎微、忘我地拼其全力工作，无暇顾及我们，就如我拼死工作，无暇孝敬他们一样。他们对党和国家、对事业的忠诚，已经历史可鉴。我今天是忏悔的，我没有抽时间陪陪他们，送送他们。

回想起来，革命的中坚分子在一个社会中是少的，他们能以革命的名义，无私无畏的工作，他们是国家与社会的栋梁。为了选拔这些人，多增加一些审查成本是值得的。而像父、母这样追随革命，或拥护革命，或不反对革命的人是多的，他们比不革命好，社会应认同他们，给以机会。不必要求他们那么纯洁，花上这么多精力去审查他们，高标准要求他们，他们达不到也感到痛苦。而且要精神文明与物质文明一同来支撑，以物质文明来巩固精神文明，以一种机制来促使他们主观上为提高生存质量，客观贡献是促进革命，充分发挥他们贡献的积极性。我主持华为工作后，我们对待员工，包括辞职的员工都是宽松的，我们只选拔有敬业精神、献身精神、有责任心、使命感的员工进入干部队伍，只对高级干部严格要求。这也是亲历亲见了父母的思想改造的过程，而形成了我宽容的品格。

二、青少年时代

我们与父、母相处的青少年时代，印象最深的就是度过三年自然灾害的困难时期。今天想起来还历历在目。

我们兄妹7个，加父母共9人。全靠父、母微薄的工资来生活，毫无其他来源。本来生活就十分困难，儿女一天天在长大，衣服一天天在变短，而且都要读书，开支很大，每个学期每人交2元~3元的学费，到交费时，妈妈每次都发愁。与勉强可以用工资来解决基本生活的家庭相比，我家的困难就更大。我经常看到妈妈月底就到处向人借3元~5元钱度饥荒，而且常常走了几家都未必借到。直到高中毕业我没有穿过衬衣，有同学看到很热的天，我穿着厚厚的外衣，说让我向妈妈要一件衬衣，我不敢，因为我知道做不到。我上大学时妈妈一次送我两件衬衣，我真想哭，因为，我有了，弟妹们就会更难了。我家当时是2人~3人合用一条被子，而且破旧的被单下面铺的是稻草。文革造反派抄家时，以为一个高级知识分子、专科学校的校长家，不知有多富，结果都惊住了。上大学我要拿走一条被子，就更困难了，因为那时还实行布票、棉花票管制，最少的一年，每人只发0.5米布票。没有被单，妈妈捡了毕业学生丢弃的几床破被单缝缝补补，洗干净，这条被单就在重庆陪伴我度过了5年的大学生活。这次在昆明散步时，也谈到了那时的艰难。

1959年～1962年，由于大跃进的失误，也由于三年的自然灾害，国家陷入了经济困难。我正好在那时念高中，当时最大的困难就是饥饿，天天都是饥肠辘辘，无心读书，我高二还补考了。我在初中时人家把我作为因材施教的典型，而高中却补考。我青少年时期并无远大的理想，高中三年的理想就是能吃一个白面馒头。因此，我特别能理解近几年朝鲜人民的困难，他们还有国际援助，人口又少。中国那时处在美国为首的西方国家的经济封锁与制裁中，人口又多，其困难比今天的朝鲜及非洲还大。

后来饿得多了，方法也多了一些，上山采一些红刺果（就是我们绿化用的那种），把蕨菜根磨成浆，青杠子磨成粉代食。有时妹妹采几颗蓖麻子炒一下当花生吃，一吃就拉肚子。后来又在山上荒地种了一些南瓜，以及发明了将美人蕉（一种花）的根煮熟了吃。刚开始吃美人蕉根时，怕中毒，妈妈只准每人尝一点。后来看大家没有事，胆子就大一些，每天晚上儿女围着火炉，等着母亲煮一大锅美人蕉的根或南瓜来充饥，家庭和和睦睦。那时，根本没有专用的厨房，而是卧室床前的地上，挖一个坑，作一个地炉，又做饭，又取暖，大家围在一起，吃南瓜，和和融融。

父母的不自私，那时的处境可以明鉴。我那时14岁～15岁，是老大，其他一个比一个小，而且不懂事。他们完全可以偷偷地多吃一口，他们谁也没有这么做。爸爸有时还有机会参加会议，适当改善一下。而妈妈那么卑微，不仅要同别的人一样工作，而且还要负担7个孩子的培养、生活。煮饭、洗衣、修煤灶……什么都干，消耗这么大，自己却从不多吃一口。我们家当时是每餐实行严格分饭制，控制所有人的欲望的配给制，保证人人都能活下来。若不是这样，总可能会有一两个弟妹活不到今天。我真正能理解活下去这句话的含义。

我高三快高考时，有时在家复习功课，实在饿得受不了了，用米糠和菜合一下，烙着吃，被爸爸碰上几次，他们心疼了。其实那时我家穷得连一个可上锁的柜子都没有，粮食是用瓦罐装着，我也不敢去随便抓一把，否则也有一两个弟妹活不到今天（我的不自私也是从父母身上看到的，华为今天这么成功，与我不自私有一点关系）。后3个月，妈妈经常早上悄悄塞给我一个小小的玉米饼，使我安心复习功课，我能考上大学，小玉米饼起了巨大的功劳。如果不是这样，也许我也进不了华为这样的公司，社会上多了一名养猪能手、或街边多了一名能工巧匠而已。这个小小的玉米饼，是从父母与弟妹的口中抠出来的，我无以报答他们。

当1997年我国的高等教育制度改革时，开始向学生收费，而配套的助学贷款又没跟上，华为向教育部捐献了2500万元寒门学子基金。在基金叫什么名字上争论很大，甚至有员工亲自来找我，说不要叫寒门，叫优秀，这些人不少还是博士、博士后。我认为出身贫寒并不羞耻，而思想与知识贫寒，出身高贵也不光荣。我的青少年时代就是在贫困、饥饿、父母逼着学中度过来了的。没有他们在困难中看见光明、指导，并逼迫我们努力，就不会有我的今天。

三、"文革"岁月

父亲一生谨小慎微，自知地位不高，从不乱发言而埋头在学问中。因此，平安度过了1957年"反右"、1959年"反右倾"、1964年"四清"等政治运动。但没有小难，必有大难。"文革"一开始，各地都以"三家村"这种模式找靶子。会写文章、是党的领导干部、有一些独立的政治思想的人（指与当地的潮流不合拍），就是靶子。爸爸在早期革命队伍中就算有文化的，又有教学经验，又是领导干部……符合这种模板。"文革"又是从教育界首先开始的，在横扫一切"牛鬼蛇神"的运动中，他最早被抛出来，属于"反动学术权威、走资派、历史有问题的人"……万劫难逃。他最早被关进牛棚（当时称关押地、富、反、坏、右、走资派……9种人的非监狱的囚室），直到粉碎"四人帮"，历时10年，短短的人生能有几个10年？这又是在他最能为人民做事的时期，你知道这对一个有志者是多么的痛苦？由于只有少数人先被抛出来，那时的末日恐惧是可以想象的。父亲是校长，父亲的同事、原来的书记黄宣乾是老革命，忍受不了而自杀了。其实他们的错误就是要把教学搞好为国家，就是今天的科教兴国。今天能把科教兴国的口号喊响，100多年来有多少人为它殉道？

当时，我已到外地读书，没有直接感受到家庭的遭遇，因为母亲来信绝不会描述。她只会说"要相信运动，跟党走，要划清界限，争取自己的前途……党的政策是历史问题看现实，出身问题看本人，你不要受什么影响。"而弟妹们年纪小，在父母身边，他们直接感受了各种屈辱与打击。弟妹们经常扒在食堂外面的玻璃窗，看批斗爸爸，吓得他们浑身发抖。爸爸站在高高的台子上，头戴高帽，满脸涂黑，反捆双手，还一边被人拳打脚踢，有时还被踢倒在地……。有时，几百个走资派挂着黑牌，装在卡车上游街……

我当时在外地读书，对家中的情况不了解，是同班同学从父亲学校出来串联的学生中了解到，再告诉我的。我在大串联中，收集了许多传单，寄给母亲。我记得传单上有周恩来总理的一段讲话，"干部要实事求是，不是的不要乱承认。事情总会搞清的。"妈妈把周总理这话，藏在饭里送给爸爸，后来爸爸说，这张条子救了他的命，他才没有自杀。其实父亲为什么没有自杀，母亲后来给我们说过，他是为了我们7个孩子。他想他一死，就成了自绝于人民，孩子们背上这个政治包袱，一辈子如何生存，那时的血统论，株连儿女的严酷环境下，他忍受百般折磨，也不会自杀的。

1967年重庆武斗激烈时，我扒火车回家。因为没有票，还在火车上挨过上海造反队的打，我说我补票，也不行，硬把我推下火车。也挨过车站人员的打。回家还不敢直接在父母工作的城市下车，而在前一站青太坡下车，步行十几里回去，半夜回到家，父母见我回来了，来不及心疼，让我明早一早就走，怕人知道，受牵连，影响我的前途。爸爸脱下他的一双旧反毛皮鞋给我，第二天一早我就走了，又回到枪林弹雨的重庆。父母总以为枪林弹雨，没有政治影响可怕。临走，父亲说了几句话："记住知识就是力量，别人不学，你要学，不要随大流。""学而优则仕是几千年证明了的真理。""以后有能力要帮助弟妹。"背负着这种重托，我在重庆枪林弹雨的环境下，将樊映川的高等数学习题集从头到尾做了两遍，学习了许多逻辑、哲学……还自学了3门外语，当时已到可以阅读大学课本的程度，终因我不是语言天才，加之在军队服务时用不上，20多年荒废，完全忘光了。我当年穿走爸爸的皮鞋，今天是十分后悔的。我那时是一个学生，是自由人，不用泥里水里跑，而爸爸那时是被押着做苦工，泥里、水里、冰冷、潮湿……他才真正需要。我那时只理解父母的温暖，没有理解他们的需要，也太自私了。

"文革"中，我家的经济状况，陷入了比自然灾害时期还困难的境地。"中央文革"为了从经济上打垮走资派，下文控制他们的人均标准生活费不得高于15元。而且，各级造反派层层加码，真正到手的平均10元左右。我有同学在街道办事处工作，介绍弟妹们在河里挖砂子，修铁路抬土方……弟妹们在我结婚时，大家集在一起，送了我100元。这都是他们在冰冷的河水中筛砂，修铁路时在土方塌方中被掩埋……挣来的。那时的生活艰苦还能忍受，心痛比身痛要严重得多。由于父亲受审查的背景影响，弟妹们一次又一次的入学录取被否定，这个年代对他们的损失就是没有机会接受高等教育。除了我大学读了3年就开始"文化大革命"外，其他弟妹有些高中、初中、高小、初小都没读完，他们后来适应人生的技能，都是自学来的。从现在的回顾来看，物质的艰苦生活以及心灵的磨难，是我们后来人生的一种成熟的机会。

母亲那时有严重的肺结核病，经济如此之困难，营养条件又差，还要承担沉重的政治压力，往牛棚送饭，抄检查……还帮助父亲检查刻蜡板，多印几份，早一些解决问题。那时，社会上的油印机是为"造反派"服务的，不可能借用。母亲就用一块竹片削好，在蜡纸上刮，印出检查……母亲由于得不到很好的治疗，几乎耳聋。

我那时在外地院校受影响较小，"文革"后期毕业分配时，整个中国已经上千万干部被打倒，我就显得不孤立了。父亲没有作结论，因此，也不能作为分配的依据。后来我入伍参军，也是如此理由，让我过了关，所以我比弟妹们多了一种幸运。不过因为父亲的问题，我一直没有能通过入党申请，直到粉碎"四人帮"以后。

"文革"对国家是一场灾难，但对我们是一次人生的洗礼，使我政治上成熟起来，不再是单纯的一个书呆子。我虽然也参加了轰轰烈烈的红卫兵运动，但我始终不是红卫兵，这也是一件奇观。因为父亲受审查的影响，哪一派也不批准我参加红卫兵。自己又不愿做司令，拉三五个被社会抛弃的人，组一个战斗队，做一个袖章戴戴。那时戴上这种袖章是一种政治地位的象征。也羡慕家庭清白的同学。因此，只能跟在这些组织的外围，瞎跑跑。

四、改革开放

直到1976年10月，中央一举粉碎了"四人帮"，使我们得到了翻身解放。我一下子成了奖励"暴发户"。"文革"中，无论我如何努力，一切立功、受奖的机会均与我无缘。在我领导的集体中，战士们立三等功、二等功、集体二等功，几乎每年都大批涌出，而唯我这个领导者，从未受过嘉奖。我也从未有心中的不平，我已习惯了我们不应得奖的平静生活，这也是对我今天不争荣誉的心理素质培养。粉碎"四人帮"以后，生活翻了个儿，因为我两次填补过国家空白，又有技术发明创造，合乎那时的时代需要，突然一下子"标兵、功臣……"部队与地方的奖励排山倒海式地压过来，我这人也热不起来，许多奖品都是别人去代领回来的，我又分给了大家。

　　1978年3月我出席了全国科学大会，6000人的代表中，仅有150多人在35岁以下，我33岁。我也是军队代表中少有的非党人士。在兵种党委的直接关怀下，部队未等我父亲平反，就直接去为查清我父亲的历史进行外调，否定了一些不实之词，并把他们的调查结论，也寄给我父亲所在的地方组织。我终于加入了中国共产党。后来又出席了党的第十二次全国代表大会。父亲把我与党中央领导合影的照片，做了一个大大的镜框，挂在墙上，全家都引以为自豪。

　　我父亲也在粉碎"四人帮"后不久平反。由于那时百废待兴，党组织需要尽快恢复一些重点中学，提高高考的升学率，让他去做校长。"文革"前他是一个专科学校的校长。他不计较升降，不计较得失，只认为有了一种工作机会，全身心地就投进去了，很快就把教学质量抓起来了，升学率达到了90%多，成为远近闻名的学校。他直到1984年75岁才退休。他说，他总算赶上了一个尾巴，干了一点事。他希望我们珍惜时光，好好干。至此，我们就各忙各的，互相关心不了了。我也亲历亲见过，四川省委老领导杨超同志"文革"中二次复出，他的小孩一直与我们是朋友。"文革"初期他父亲被关进监狱中，当时听他女儿说过几天组织要去监狱与他父亲谈话，让他重新出来任四川省委书记。他一出来都毫无怨言就投入了工作。我为老一辈的政治品德自豪，他们从牛棚中一放出来，一恢复组织生活，都拼命地工作。他们不以物喜，不以己悲，不计荣辱，爱国爱党，忠于事业的精神值得我们这一代人、下一代人、下下一代人学习。生活中不可能没有挫折，但一个人为人民奋斗的意志不能动摇。

我有幸在罗瑞卿同志逝世前3个月，有机会聆听了他为全国科学大会军队代表的讲话，说未来十几年来是一个难得的和平时期，我们要抓紧全力投入经济建设。我那时年轻，缺少政治头脑，并不明白其含意。过了两三年大裁军，我们整个兵种全部裁掉，我才理解了什么叫预见性的领导。1982年，在党的"十二大"期间，我们基建工程兵小组与铁道兵小组的中心话题就是裁军，因为一开完"十二大"，我们就要整建制地离开军队，实在是有些恋恋难舍，毕竟我们习惯了十几、二十年的军队生活。当时，父母也不太理解党的开放改革，也认为离开军队太可惜。

走入地方后，不适应商品经济，也无驾驭它的能力。一开始我在一个电子公司当经理也栽过跟头，被人骗过。后来也是无处可以就业，才被迫创建华为的。华为的前几年是在十分艰难困苦的条件下起步的。这时父母、侄子与我住在一间十几平方的小房里，在阳台上做饭。他们处处为我担心，生活也十分节省，攒一些钱说是为了将来救我（听妹妹说，母亲去世前两月，还与妹妹说，她存有几万元，以后留着救哥哥，他总不会永远都好。母亲在被车撞时，她身上只装了几十元钱，又未装任何证件，是作为无名氏被110抢救的。中午吃饭时，妹妹、妹夫发现她未回来，四处寻找，才知道遇车祸。可怜天下父母心，一个母亲的心多纯）。当时在广东卖的鱼、虾一死就十分便宜，父母他们专门买死鱼、死虾吃，说这比内地还新鲜呢！晚上出去买菜与西瓜，因为卖不掉的菜，便宜一些。我也无暇顾及他们的生活，以致母亲患严重糖尿病我还不知道，是邻居告诉我的。华为有了规模发展后，管理转换的压力十分巨大，我不仅照顾不了父母，而且连自己也照顾不了，我的身体也是那一段时间累垮的。我父母这时才转去昆明我妹妹处定居。我也因此理解了要奋斗就会有牺牲，华为的成功，使我失去了孝敬父母的机会与责任，也销蚀了自己的健康。

我总认为母亲身体很好，还有时间。我身体不好，以及知识结构、智力跟不上时代，也将逐步退出历史舞台，总会有时间陪陪她的。没想到飞来横祸。回顾我自己已走过的历史，扪心自问，我一生无愧于祖国，无愧于人民，无愧于事业与员工，无愧于朋友，唯一有愧的是对不起父母，没条件时没有照顾他们，有条件时也没有照顾他们。我知道我的情况比绝大多数人要好，为了忘却纪念，也一吐为快。

爸爸、妈妈，千声万声呼唤您们，千声万声唤不回。

逝者已经逝去，活着还要前行。

——2001年2月8日于深圳

参考文献

[1]陈贺新.中国企业危机调查报告：半数企业处于危机状态［N］.中华工商时报，2004-06-04.

[2]陈培根.企业不可穿上"红舞鞋"［J］.商界·评论，2006（1）.

[3]陈新焱，周冯灿.三星靠什么赶超苹果［N］.南方周末，2012-12-01.

[4]陈伟.日本企业为何坚守"改良"［J］.支点，2012（8）.

[5]楚天金报.任正非：最神秘低调的总裁[N].楚天金报，2013-02-08.

[6]【俄】高尔基著：瞿秋白、巴金、耿济之、伊信译.高尔基短篇小说选：P126-127[M].北京：人民文学出版社，1980.

[7]郭惠民. 危机管理 重在防范[N].中国信息报， 2006-10-11.

[8]龚文波.任正非如是说：中国教父级CEO的商道智慧[M]：P191-196.北京：中国经济出版社，2008.

[9]侯晓红，干巧.我国上市公司研发费用披露现状分析及对策［J］.工业技术经济，2009（2）.

[10]黄海峰.华为披露2012年经营业绩净利154亿 增33%［J］.通信世界，2013（4）.

[11]《科学投资》.中国民营企业死亡全书［J］.科学投资，2003（11）.

[12]李国文.功夫在诗外[N].中华读书报，2006-05-10.

[13]李颖.为什么中国迷信"外版"经管书："本土"经管书体系化缺失［J］.新营销，2007（8）.

[14]零点公司.人事危机是企业最经常面临的危机［J］.人力资本，2004（2）.

[15]蓝维维.从任正非的《华为的冬天》看企业人文管理[N].南方都市报，2002-01-28.

[16]马晓芳.华为战思科即将上演：双方技术差距明显缩小[N].第一财经日报，2012-04-12.

[17]马晓芳.揭秘华为"红蓝军"任正非誓言"反攻美国"[N].第一财经日报，2013-11-26.

[18]马晓芳.华为购加长奔驰服务客户 专利申请全球第一[N].第一财经日报，2009-12-31.

[19]马云.马云：不要迷信MBA[N].中国食品报·冷冻产业周刊，2010-04-05.

[20]【美】伊查克·爱迪斯.企业生命周期：P17-96[M]：北京：中国社会科学出版社，1997.

[21]牟家和、王国宇.亚洲华人企业家传奇：P11-22[M].北京：新世界出版社，2010.

[22]企业家日报.华为的管理之道：力出一孔 利出一孔.企业家日报：A3版，2013-07-06.

[23]任正非."利出一孔"让华为大而不倒［J］.豫商，2013（5期）.

[24]任正非.2013年轮值CEO的新年献词，2013.

[25]任正非.以客户为中心 开放合作实现共赢[EB/OL].2014.http://www.educity.cn/shenghuo/802265.html.

[26]任正非."华为的冬天"——任正非［J］.竞争力，2010（6）.

[27]【日】船桥晴雄.日本长寿企业的经营秘籍：序言：致中国读者朋友P2[M].北京：清华大学出版社，2011.

[28]田涛，吴春波.下一个倒下的会不会是华为[M].北京：中信出版社，2012.

[29]田涛.华为如何进行自我批判？[EB/OL].2014.http://tech.sina.com.cn/t/2013-07-19/13168556033.shtml.

[30]陶涛.企业自主研发经费仅占销售收入3.8%[N].中国青年报，2009-07-13.

[31]腾讯网.美军"红旗军演"开打 西方战机盯紧印苏-30 [EB/OL].2014.http://news.qq.com/a/20080722/000747.htm.

[32]投中统计：2013 年中国企业并购交易激增[EB/OL].2014.http://finance.qq.com/a/20110316/004837.htm.

[33]申明.格力电器：挺起中国制造的创新脊梁[N].科技日报，2013-03-08.

[34]施耀平.张謇沿海开发留下的历史思考[EB/OL].2014.http://www.360doc.com/content/14/0330/15/15840366_364934680.shtml.

[35]吴春波.任正非间于"黑""白"之间的灰度管理哲学[N]. 中国经营报，2010-10-27.

[36]吴江.TCL并购法国汤姆逊吞苦果 两项索赔超5亿元[N].羊城晚报，2011-03-16.

[37]王永德.狼性管理在华为[M]：P3-6. 武汉:武汉大学出版社，2010.

[38]王育琨.1000亿华为和任正非的六个支点[EB/OL].2014.http://my.icxo.com/266600/viewspace-80835.html.

[39]夏增民.评《商君书》的自治观[J].咸阳师范学院学报，2007（3）.

[40]徐冠华.徐冠华在创新型企业试点工作会议上的讲话[N].科技日报，2007-02-27.

[41]徐惠君.利出一孔的管仲陷阱:解读中国专制历史的钥匙[EB/OL].2014. http://news.ifeng.com/history/special/shiyan/201001/0103_9078_1496614.shtml.

[42]徐维强.华为进军"云计算" 任正非：不做堂吉诃德南方都市报：SA32版2010-12-01.

[43]新浪网.客户第一、员工第二、股东第三 [EB/OL].2014.http://blog.sina.com.cn/s/blog_4cc7c3f50100kzcn.html.

[44]新浪网.《改善：日本企业成功的奥秘》读后感[EB/OL].2013.http://blog.sina.com.cn/s/blog_4b2fe4d20102e0z5.html.

[45]新华网.让世界为你敞开大门[EB/OL].2012. http://jjckb.xinhuanet.com/2011-05/10/content_307391.htm.

[46]证券日报.华为美国招标再受挫 分析建议其海外上市[N].证券日报，2010-08-26.

[47]芮益芳.华为2013年收入首超爱立信 销售额冲击700亿美元[EB/OL].2014.http://tech.huanqiu.com/comm/2014-03/4942328.html.

[48]叶志卫，吴向阳.胡新宇事件再起波澜 华为称网友误解床垫文化[N].深圳特区报，2006-06-14.

[49]余胜海.任正非"灰度管理"的智慧［J］.企业管理，2012（9）.

[50]吴晓波.任正非:中国最神秘的企业家［J］.人民文摘，2009（5）.

[51]吴江.TCL并购法国汤姆逊吞苦果 两项索赔超5亿元[N].羊城晚报，2011-03-16.

[52]驻尼日利亚拉各斯经商参处子站.中国企业开拓尼日利亚通讯市场的现状、存在问题及建议[EB/OL].2014. http://ccn.mofcom.gov.cn/spbg/show.php?id=3688.

[53]中国安防器材网.《亮剑》对企业管理的启迪原作[EB/OL].2014.

http://www.21af.com/news/11/53831.html.

[54]战略网.毛泽东十大军事原则：集中优势兵力打歼灭战[EB/OL].2014.
http://mil.chinaiiss.com/html/20124/10/a4b709_2.html.

[55]中国企业家网. 任正非：华为为什么不上市？[EB/OL].2014.http://
www.iceo.com.cn/renwu/35/2012/1129/260809.shtml.

[56]中国建材报.门窗幕墙企业存隐患 切忌盲目扩大规模[N].中国建材
报，2011-08-09.

[57]中国企业家.任正非总结华为成功哲学:跳芭蕾的女孩都有一双粗腿
[J].中国企业家，2014（10）.

[58]中国企业家.任正非（华为公司）：还会封闭多久［J］.中国企业家，
2001（12）.

[59]张永恒.不必迷信"洋"管理类书籍［J］.新营销，2004（6）.

[60]朱剑平，王春.亚星化学山东海龙陨落 大股东"抽血"不断[N].上海
证券报， 2012-09-25.

[61]章柏幸.蛙鼠殒命[N].环球时报：第19版，2004-06-30.

后　记

在中国企业界，华为创始人任正非是一个绕不开的名字，因为在任正非领导下的华为已经成为中国的国家名片，也是"中国制造"向"中国创造"的带路人。在这样的背景下，终于鼓起勇气写作本书，这种勇气主要还是源于我对任正非偶像般的崇拜，特别是他与中国企业家迥然不同的，那就是出奇的低调。

任正非的低调无疑增加了我对这位被《商业周刊》誉为"2009中国最具影响力40人"的企业家的了解的难度，如果企业家在聚光灯下讲述了自己如何企业管理的，这样的话，我可以依据他接受媒体的采访和他的演讲，还能依稀地可以从他们的"指点江山、激扬文字"的视频里找出与之需要的管理信息，然而，我费了九虎二牛之力才找到任正非的管理经验。在这里，我们开始起航。

任正非，1944年出生于贵州省安顺市镇宁县一个贫困山区小村庄的知识分子家庭。中国的知识分子对知识的重视和追求，可谓"贫贱不能移"。即使在三年自然灾害时期，其父母仍然坚持从牙缝里挤出粮食来让孩子读书。

这为日后知识渊博，引经据典、娓娓道来的任正非打下了坚持的基础。然而，由于任正非非常低调，以至于被外界称作华为的神秘教父，特别是其管理思想得到各方企业家管理层的参考和借鉴。在一些内部讲话中，任正非坦言，他十分热爱历史、哲学等人文类的书籍。这对提升其企业管理帮助很大。

在本书中，我们总结了任正非内部讲话的主旨，并从中引申出了更深层次的企业管理和用人之道，其目的是为了更好地让企业经营者学习和借鉴任正非的管理思想。

本书的定位是企业教育、培训员工的教材；年轻人、白领人士的励志读物；创业者、管理者的行动指南；成功者、领导者的决策参考……因此，作为这个时代草根创业的代表人物，以及继续在创业路上的先行者，任正非的企业经营思想或许不能直接给创业者们带来成功，却能给予创业者一个提示，一个视角，一个忠告，一个鼓励。

这里，感谢《财富商学院书系》、《火凤凰财经书系》的优秀人员，他们也参与了本书的前期策划、市场论证、资料收集、书稿校对、文字修改、图表制作。

以下人员对本书的完成亦有贡献，在此一并感谢：简再飞、周芝琴、周梅梅、吴雪芳、吴江龙 、吴抄男、赵丽蓉、周斌、张著书、周凤琴、周玲玲、金易、何庆、李嘉燕、陈德生、丁芸芸、徐思、李艾丽、李言、黄坤山、李文强、陈放、赵晓棠、熊娜、苟斌、佘玮、欧阳春梅、文淑霞、占小红、史霞、陈德生、杨丹萍、沈娟、刘炳全、吴雨来、王建、庞志东、姚信誉、周晶晶、蔡跃、姜玲玲等。

任何一本书的写作，都是建立在许许多多人的研究成果基础之上的。在写作过程中，笔者参阅了相关资料，包括电视、图书、网络、报纸、杂志、论文库、华为的官方网站等资料，所参考的文献，凡属专门引述的，我们尽可能地注明了出处，其他情况则在书后附注的"参考文献"中列出，并在此向有关文献的作者表示衷心的谢意！如有疏漏之处还望原谅。

本书在出版过程中得到了许多商学院教授、标杆企业研究专家、企业总裁、职业经理人、媒体朋友、培训师、业内人士以及出版社的编辑等的大力支持和热心帮助，在此表示衷心的谢意。另外，由于本稿中引用了一些作者文章，相关著作权事宜已交北京版权代理机构，请相关作者看到后与我们联系。由于时间仓促，书中纰漏难免，欢迎读者批评指正。（E-mail：zhouyusi@sina.com.cn）

周锡冰

2016年春于北京